어떻게 배움의 주인이 되는가

학습자 주도성과 생성 교육

어떻게 배움의 주인이 되는가

©정기효

초판 1쇄 발행 | 2021년 08월 09일
개정판 3쇄 발행 | 2023년 06월 12일

지은이 | 정기효
발행인 | 이진호
편집 | 강혜미, 권지연
디자인 | 트리니티

펴낸곳 | 비비투(VIVI2)
주소 | 서울시 중구 수표로2길9 예림빌딩 402호
전화 | 대표 (02)517-2045
팩스 | (02)517-5125(주문)

이메일 | atfeel@hanmail.net
홈페이지 | https//blog.naver.com/feelwithcom
페이스북 | https://www.facebook.com/publisherjoy
출판등록 | 2006년 7월 8일

ISBN 979-11-89303-60-0(03370)

학습자 주도성과 생성 교육
Placing students at the heart of a learning

어떻게 배움의 주인이 되는가

정기효 지음

VIVI2

변화의 시작은 학교

모든 종류의 교육개혁에서 학습자 중심 교육이라는 문구는 항상 키워드로 등장한다. 당연해 보이는 가치가 매번 나오는 이유는 매우 중요해서 그런지 제대로 안 되어서 그런지 잘 모르겠다. 후자라면 교육하는 사람들 모두 반성해야 할 것이다. 만약 학습자 중심 교육이 어른과 국가가 생각하는 학습자를 위하는 교육이라면 그 성찰의 결과는 뻔하다. 또 다른 (아이들을 괴롭히는) 정책일 뿐이다.

반면 학습자 중심 교육을 이 책의 저자 관점에서 생각하고 성찰한다면 우리가 하지 말아야 할 것에 초점이 맞춰질 것이다. 아무것도 하지 않는다는 게 아니라 개별 학습자의 잠재력을 믿고 "한 번 해 보렴. 틀려도 괜찮아. 우리가 옆에서 도와줄게"라고 말하게 될 것이다.

15년 전 작고하신 은사님이 가장 싫어하는 말은 '교사를 위한'이었다.

나에게 교육과정 책을 쓰게 되면 '제맘대로 교육과정'으로 하라고 말씀하신 적도 있다. 대학 시절 은사님 수업에서 보고서를 내 맘대로 낸 적이 있는데, 뻔한 보고서 틀을 벗어나고 싶어서 성적이 나빠도 괜찮다 생각하고 수필처럼 냈는데 오히려 칭찬해 주셔서 당황했었다. 은사님이 퇴임 후 학교장이 되셨을 때 교장실에 학생 작품을 걸기도 하셨고, 『거꾸로 타는 지하철』, 『열린 아이들 닫힌 학교』라는 책도 쓰셨다. 은사님의 철학을 이 책에서 발견하고 반가운 마음이 들었다

나는 모든 변화의 시작은 학교라고 믿는다. 학교에서 일어나는 생생한 삶의 경험이 우리와 사회가 성장하는 힘이 된다. 이 책을 통해서 나의 신념을 재확인하고 내가 교육에 발걸음을 내딛던 때의 열정이 불꽃처럼 다시 일어나고 있음을 느낀다.

온정덕 경인교육대학교 교수

저자는 학생 생성 교육과정을 매개로 알게 되었다. 그는 학생들이 교육과정 생성의 주체가 될 수 있다는 것을 실천으로 보여주었고, 학생주도성의 가능성에 대해 고민하던 연구자의 이론과 주장에 생기를 불어넣었다. 이제 그는 현장에서 잔뼈가 굵은 실천과 경험을 밑거름 삼아 학생주도성에 대한 논의를 한 단계 심화시키고 있다. 이 책은 학습자들이 새로운 가치를 형성할 수 있는 생성 교육이 미래교육, 아니 현재 교육의 지향점이 되어야 한다는 것을 알려 주고 있다. 또한 우리교육의 새로운 길을 모색하는 분들에게 깊이 있는 통찰력을 던져 주고 있다.

조윤정 경기도교육연구원 연구위원

내가 본 저자는 늘 새로움을 꿈꾸고 실천을 통해 사례를 만들어 내는 분이었다. 교사로서, 장학사로서, 교감으로서 학교 구성원들과 협력하여 수업의 변화와 학교의 변화를 늘 추구해 왔다. 지금까지 정립한 이론과 실천 사례들을 모아 생성 교육을 제안하고 있다. 학생이 배움의 주인이 되어 스스로 성장해 가는 교육은 학생과 교사, 학교에 대한 믿음을 바탕으로 한다. 저자의 옥고를 읽어 내려가면서 이제 교육청이 현장을 위해 무엇을 해야 할까를 생각하니 발걸음이 급해진다.

이양균 경상북도교육청 유초등교육과장

획일화된 교육의 틀에서 벗어나 학생 개개인을 하나의 소우주로 보고 빅뱅이라는 사건을 선물하고자 하는 것은 수많은 선생님의 바람이 아닐까? 전교생 50여 명밖에 되지 않는 작은 학교에서 학생 주도의 생성 교육과정을 만들기 위해 애쓰던 저자의 노력을 멀리서 지켜봤다.

이 책에는 왜 우리가 획일화된 주어진 교육에서 벗어나 학습자가 스스로 생성해 나가는 교육을 추구해야 하는지 진지하게 고민한 흔적이 곳곳에서 보인다. 들뢰즈의 동일성, 차이, 욕망의 개념 등 누구도 시도해 보지 않은 새로운 접근으로 생성 교육과정의 당위성을 찾고자 한 노력 속에서 저자의 진지한 삶의 태도가 투영되어 보인다.

교육에서 정답은 없다. 획일성과 동일성을 극복하고 개별 학습자의 차이를 긍정하기 위해 노력해 온 저자의 해법을 조금이나마 이해할 수 있어서 참 즐거웠다.

이용희 경상북도교육청 장학관

학생 생성 교육과정이 이렇게 깊은 사유와 오랜 시간에 걸쳐 탄생했다는 것을 알지 못했다. 긴 호흡의 연구와 실천이 가능했던 것은 아이들의 주체성과 몰입에 대한 군건한 신뢰가 아니었을까? 저자의 믿음은 교육과정 개정을 앞두고 분권화와 자율화가 화두인 지금, 분권과 자율의 방향이 학생의 개개인성을 인정하고 주체적인 배움을 가능케 하는 학생 생성 교육과정으로 이어져야 하는 당위성을 갖게 한다.

이 책으로 인해 나는 학교 교육에서 중요하게 다루어지는 역량, 학력, 자기 주도성에 대해 조금씩 흔들리기 시작했다. 저자의 말처럼 배움이 일어나는 조건이자 시작이라면 기꺼이 흔들림을 즐기고 싶다.

서정희 달전초등학교 교장

"어제 우리가 배운 것처럼 오늘 가르친다면, 아이들의 내일을 강탈하는 것이다." 존 듀이의 이 말은 교사 시절 가르침에 대해 늘 고민하게 했다. 저자의 글을 읽으며 그동안 고민해 왔던 질문에 하나의 답을 찾을 수 있었다.

한 줄 한 줄 읽어 내려가면서 학생이 배움의 주인이 될 때 가르침은 배움이 되고, 가르침은 배움이 될 때라야 진정한 힘을 발휘한다는 것을 체감할 수 있었다. 전반부에서는 가르침이 왜 배움이 되어야 하는가에 대해 깊게 공감하게 되고, 후반부는 배움과 삶이 연결되는 실행 과정을 볼 수 있다. 학습자가 배움의 주인이 되는 교육을 고민하는 사람들에게 좋은 길잡이가 될 것이라 확신한다.

이은정 경상북도교육청 장학사

무언가를 보거나 읽고 알게 된다고 해서 무언가를 할 수 있는 것이 아니기에 "이게 어떻게 가능해?"라고 의아해 하실 수도 있습니다. 그러나 이 책을 덮는 순간 모든 고민이 사라졌습니다. 저자는 "오직 집중해야 할 일은 실천으로 증명해 내고 동의를 얻어 가려는 노력"이라고 말하며 "나처럼 해 봐요"가 아니라 "나와 함께 해 봐요"라고 손짓을 하고 있기 때문입니다.

변영임 상품초등학교 교사

저자의 고민이 오롯이 녹아 있어 아주 농도가 짙고 묵직하다. 이 글을 쓰려고 얼마나 천착했을까? 한때 구호로, 금방 사위어질 불꽃으로 의심했던 내가 부끄러워진다.

누구나 어떤 사태를 보고 '교육이란~이다. 배움이란~이다.'와 같은 인사이트를 가질 수 있다. 하지만 이를 문제로 만들고 개념을 창조하여 나름의 해결법까지 도출하는 과정은 조감하는 힘이 없으면 불가능하다. 실제와 이론을 연결한다는 것은 사실 굉장히 번거로운 과정의 연속이다. 실제를 알려면 혼돈의 현장 속에 발을 붙이고 서 있어야 하고, 이론을 세우려면 실제에 맞게 개념을 절단하고 잇는 작업을 수없이 반복해야 하기 때문이다. 그런 점에서 저자와 같이 개념을 만들고 실천하신 선생님들의 노고에 경의를 표한다.

좋은 예술 작품은 작품 안에 개념을 영원히 보존한다. 시간이 흘러도, 독자가 책을 펼칠 때마다 심어 놓은 개념이 생생하게 전달되며, 더 나아가 독자에게 끊임없이 생성할 수 있도록 카오스를 분출한다.

어떻게 배움의
주인이 되는가

이 책은 교육 현장에서 당연하게 받아들여지고 있는 여러 전제들(표준, 평균, 기초학력, 배움의 단계, 개별화 등)에 대해 의문을 제기하고 읽는 내내 끊임없이 기호로 작동하리라 확신한다. 선생님들이 꼭 한 번 읽어 보시길 적극 추천한다.

박재원 도개초등학교 교사

배움의 주인공인 아이들의 모습을 그려봅니다. 왁자지껄하고 분주함 속에서도 교실은 생동감이 넘치고 아이들의 움직임과 재잘거림은 의미 있고 생산적이겠지요. 저자는 교육과정의 최종 목적지를 학생이라 말합니다. 아이들이 배움의 주인이자 종국에는 삶의 주인공이 될 수 있도록, 그 숭고하고 가치 있는 경험을 기꺼이 부여하고 있습니다.

저자는 누구보다 진정한 배움을 원하며, 누구도 쉽사리 시도하지 못한 가르침을 실천하는, 학생 생성 교육과정! 그 최전방에 있는 이 분야 최고의 전문가입니다.

김현희 약목초등학교 교사

고정된 지식과 가치를 넘어

교육과정은 학생들의 배움을 안내하는 가상의 경로이다. 이것이 학생들의 실제 삶으로 이어지려면 촘촘한 지도만큼 비어 있는 여백도 필요하다. 그러나 학교는 학생들의 삶을 정초하려 든다. 원하는 인간상, 목표, 내용에서 방법까지 학생들의 표준을 제시하고 가장 근접한 사람을 만들기 위해 모든 힘을 집중한다.

학생은 학년, 학기, 일과표와 같이 분절된 시간, 교실, 운동장으로 구분된 공간, 단원과 차시라는 학습의 단계에 붙들린다. 정해진 홈을 따라 순탄하게 흘러가는 일이 학생의 도리이고, 주어진 경로에서 머뭇거리거나 벗어나는 학생은 배려의 대상이라기보다 해결해야 할 문제로 여긴다.

동일성의 재현을 위한 교육에서는 홈 패인 경로에서 흘러내리고 빠져나가는 학생들은 훈육하고 처방해서 다시 그 길에 서도록 떠민다.

학교는 학생들을 지지하고 실패를 격려하고 끊임없이 탐구의 길에 설 수 있도록 용기를 주어야 한다. 학교, 교사, 학생들이 스스로 길을 내어가는 경험을 가질 수 있는 지대가 있어야 하는 것이다. 학생들에게 자신의 삶이란 하나의 우주이다. 그러니 어떻게 팽창해 갈지는 아무도 모른다. 마주 선 세상에 새로이 길을 내어 세상에 길을 더하는 일이 가치로울 것이다.

우리는 또 다른 흐름을 상상한다. 어떻게 하면 표준을 재생산할 것인가가 아니라 어디서 다르게 변화하고 어떤 새로운 가치가 만들어지는가에 집중한다. 열려진 공간에서의 가치는 하나가 아니다. 정해진 경로를 따라가자면 병목현상이 생기고 순서가 정해질 수밖에 없으나 매끄러운 평면에서는 갖가지 방향이 열려 있다. 유일한 기준이란 존재하지 않는다. 이곳에서 길은 탐험의 과정이고 만들어 가는 지도이다. 내가 어디에 있느냐보다 어떤 길을 만들고 있느냐가 중요하다.

생성 교육은 고정된 가치와 지식을 넘어서고자 한다. 고착화된 학교, 교사, 학생의 역할에서 벗어나고자 한다. '우리는 어떻게 배움의 주인이 되는가?'에 대답하기 위해 고민하고 실천해 온 여정을 글로 묶었다. 때론 실험적이고 설익은 부분도 있을 것이다. 하지만 이것들이 또 다른 고민과 시도로 이어지는 마중물이 되기를 바란다.

저자 정기효

차 례

PART I **REASON**

배움을 사유하다

PART 2 **PRACTICE**

배움을 실천하다

자유를 위한 여정

익숙함은 편안함으로 유혹한다. 불편함을 느끼지 않은 이상 익숙함을 멀리하기가 어렵고 익숙함이 제도로 고착되면 편안함과 불편함을 판단하고자 하는 사고조차 활성화되지 않는다.

학교에 오래 있었다. 학생으로서 초등학교 6년, 중학교와 고등학교 각 3년, 대학교 4년을 합쳐서 16년을 살았다. 교직에 들어온 지가 30년 가까이 되니 거의 45년을 학교와 함께하고 있다. 그 사이 참 많은 것들이 변했을 터이지만 변화를 감지하기 어려울 만큼 익숙해져 있는 것들도 많다.

익숙해진 것들은 학교의 정체성을 이루는 요소로 굳어졌다. 교문에서 운동장을 거쳐 각진 교실과 복도로 이어지는 공간에서부터 종소리에 따라 수업이 시작되고 종료되는 일과, 대한민국 모든 학생이 같

14

은 교과서로 공부하는 내용까지 학교라는 개념의 구성요소이자 이미지가 되어 있다.

우리나라는 식민지배와 전쟁이라는 극한 상황이 남긴 상처를 딛고 일어서기 위해 교육에 희망을 걸었고 세계에서 찾아보기 힘든 교육열을 보이면서 단기간에 경제적 성장을 이루었다. 대의를 위해 사사로움을 희생하라고, 열을 먹여 살리는 잘 키운 사람 하나가 되기 위해 앞만 보고 달리라고, 내일을 위해 오늘을 감내하라고, 배워두면 다 쓸모가 있다는 말에 아이들의 꿈도, 친구도, 오늘도, 삶의 의미도 끝없이 유예되었다.

변화를 위한 그 어떤 시도도 입시라는 개미지옥에 갇혀 맴돌 뿐 우리 사회는 아직 해결책을 찾지 못하고 있다. 경쟁 교육에 많은 아이들이 스러져 갔지만 그나마 이만큼이라도 사는 게 경쟁의 덕분 아니냐며 뭐든 자기 하기 나름이라며 무한책임을 윤리로 강요하고 있다. 급기야 다른 나라에서 우리나라 교육을 부러워하는 상황에 이르자 한국 교육은 더욱 자기 성찰에 인색해져 버렸다.

여기에 오기까지 학생들에게 단기간에 그리고 일률적으로 많은 지식을 채워 넣는 전략은 성공적이었다. 차시별 지도 내용마저 규정한 교과서, 교사용 지도서, 획일적 시량, 학기제, 학년이라는 강력한 장치를 이용하여 학생들을 컨베이어 벨트 위에 실었다. 입학에서 졸업까지 줄지어 실어 보내는 시스템은 경제의 성장과 맞물려 효율성을 발휘할 수 있었다.

하지만 곳곳에서 위기감이 고조되고 있다. 갈수록 심화되는 양극화에 교육을 통한 사회적 상승이라는 기대가 줄어들고 있다. 학교에서 배운 지식이 학교 이후의 삶에 의미를 제공하지 못한다. 모든 아이들이 배워야 할 통과의례적 학습은 명분을 잃어가고 획일적 목적, 내용, 방법이 누려온 효율성이란 가치가 의심을 받고 있다. 지금껏 학교 교육을 지탱해 온 익숙한 것들에 대한 균열이 발생하고 있는 것이다. 익숙함이 가져다주는 안락을 넘어 불편함에서 촉발된 자유를 위한 실천, 주어진 세계에 맞추어 살기보다 원하는 세계를 만들어 가려는 노력이 필요한 시점이다.

배움이라는 개념을 이루는 구성 요소들은 뭘까? 다양한 대답이 있겠지만 빠뜨리면 안 될 요소는 새로움이다. 이질적인 만남을 통해 신체가 달라지는 경험은 배움을 통해서 가능하고 그 결과는 새로움이 남는다. 새로움을 찾는 일은 보물을 찾듯 어딘가에 숨겨진 뭔가를 뒤져서 끄집어내는 일이 아니다. 이미 존재하고 있는 것들이 어디에서 왔는지, 무엇에 기대고 있는지 끝까지 물음을 밀고 나가 더 이상 기존의 개념으로는 설명할 수 없는 지점에서 만들어 내야만 하는 것이 새로움이다.

지금의 학교와 수업, 그 속에서 이루어지는 배움을 견고히 규정하고 있는 것들을 비틀어 사유하고 실천하고자 한다. 그러자면 학교와 배움이라는 개념이 발 딛고 있는 판을 벗어나야 한다. 개념은 혼자서 달라질 수 없다. 개념을 존립하게 하는 초월적인 전제들을 해체시켜야 가능하다. 그러니 배움을 새롭게 정립하는 일은 견고히 자신을 규정하고 있는 것들로부터 자유로워지기 위한 여정이다.

철학자는 토론을 즐기지 않는다고 했다. 모든 토론이 불가능할 정도의 개념을 창조하여 창조 없이 비판하는 사람들, 사라진 개념을 되살려내지 못하면서 옹호하기만 하는 사람들을 냉혹한 독백으로 만들어 버리기 때문이다. 그러나 아쉽게도 난 철학자의 내공은 갖지 못하고 있기에 창조를 위한 토론을 즐길 준비가 되어 있다. 공감할 수 있는 부분은 함께 채우고 부족함은 채워주길 바란다.

1부는 배움의 자유를 추구하기 위한 사고 실험을 모았고, 2부는 지금의 견고한 배움 체제에 틈을 만들어 가는 실천 사례를 실었다. 일부의 글은 맥락상 필요에 따라 소셜네트워크나 포럼, 책 등에 발표했던 글을 보완하여 다시 엮었다. 함께 공부했던 선생님들의 사례도 허락을 얻어 실었다. 산만하고 거친 글들을 모아 세상에 내놓는 이유는 '학교는 무엇을 해야 하는가'가 아닌 '학교가 무엇을 할 수 있는가'란 물음에 답하기 위해서다.

사유의 잠수자들은 충혈된 눈을 하고 수면으로 돌아왔다.

- 허민 멜빌 -

배움을
사유하다

왜 우리는 예속을 욕망하는가

He loved Big Brother.

조지 오웰의 소설 '1984'의 마지막 문장이다.

주인공 윈스턴 스미스는 생각까지 검열하는 전체주의 국가 오세아니아에 저항하며 혁명을 꿈꾼다. 무산계급이 세상을 바꿀 거라는 희망을 품었지만 믿었던 자로부터 함정에 빠지고 협박과 세뇌에 사랑마저 저버린다. 마침내 빅 브라더를 진심으로 사랑하며 죽음을 기다리기에 이른다.

소설을 쓸 당시만 해도 30년 뒤의 미래였던 1984년이 지금은 30년 전 과거가 되었지만 언제든 현실로 소환될지 모른다는 두려움은 여전히 남아 있다.

자발적 예속, 그 지난한 물음

소설 속 텔레스크린은 아니지만 CCTV, 모바일 폰, 인터넷 등에서 우리의 일거수일투족이 데이터로 축적되고 있다. 이것들이 앞으로 어떤 구속을 가져올지 예측할 수 없는 세상임에도 불구하고 우린 그저 편의와 이익에 자신을 내맡기고 있다. 인간은 늘 무한한 자유를 외치면서도 자신의 자유를 너무나 쉽게 포기하거나 더 큰 권력에 위탁해버리고 마는 모습을 보인다.

4차 산업혁명이 화두가 되면서 많은 기업이 부침을 겪고 있다. 미국의 FAANG[1]처럼 네카라쿠배[2]가 우리나라 젊은 세대가 취업하고 싶은 1순위 기업들이라고 한다. 이들 기업의 공통점은 무한한 연결이 가능한 디지털 기술을 기반으로 발전한 플랫폼 사업이다. 상상하지 못했던 영역의 결합을 통해 놀라운 성장세를 보이며 부러움을 사고 있다.

디지털 세계는 무한 복제가 가능하고 아주 적은 이윤이라도 무한대로 커지면 결국 무한대의 이윤이 되는 특성을 지니고 있다. 기존의 오프라인 세계에서는 글로벌 시장이나 국내에서 꼭 1위가 아니더라도 나머지도 배분된 상권을 가지고 있었고, 로컬에는 로컬 나름의 시장이 형성되어 있었다. 하지만 디지털은 천하통일이라는 특성을 지녀 1위가 거의 모든 시장을 독점해 버린다. 컴퓨터 운영 시스템, 소셜네

---

1) 페이스북, 애플, 아마존, 넷플릭스, 구글의 첫 알파벳을 딴 신조어
2) 네이버, 카카오, 라인, 쿠팡, 배달의 민족의 앞글자만 딴 신조어. 여기에 당근, 토스, 야놀자를 포함시키기도 함

어떻게 배움의
주인이 되는가

트워크서비스, 인터넷 검색 엔진 등 우리 주위에서 천하통일의 사례는 어렵잖게 볼 수 있다.

플랫폼 기업들이 엄청난 부를 챙기고 있음에도 그들이 만들어 내는 노동의 질은 그렇지 못한 양상을 보인다. 본사나 핵심 부서에 배치된 인력은 취업하고픈 선망의 대상이지만 대부분 플랫폼 노동자들의 노동조건은 열악하기만 하다. 또한 이들은 전통적인 기업들처럼 제품을 직접적으로 생산하지 않는다. 연결과 중계를 통해 부를 창출하지만 사회에 대한 기여도는 그렇게 높지 못하다.

사람들은 이런 기업의 특성을 알면서도 쉽사리 생활 속으로 받아들이고 만다. 편하다는 이유로 가게 전화번호를 찾거나 걸지 않고 배달앱을 통해 음식을 주문한다. 또 앱에서 요구하는 대로 부가 서비스에 현혹되어 포인트를 쌓기 위해 별점을 매기고 리뷰를 올린다.

이런 행위들이 소비자 가격을 올리고 상인들의 수익을 낮추는 결과를 가져오는 것은 잘 알지만 연대하고 협력해서 해결하려는 노력은 하기 어렵다. 사람들은 자신들의 이익을 위해 행동하지 않고 왜 자꾸만 기업을 위해 예속되어 가는지 쉽게 대답하지 못한다.

코로나 팬데믹이 오고 개학이 연기되는 사태가 벌어지면서 학교도 혼란을 겪었다. 이 시기 학교들은 자고 나면 바뀌는 대책과 지침에 분통을 터뜨렸다. 학교 운영에 관한 결정들을 교육부와 교육청이 독점하면서 학교 현장과 논의를 생략한 채 언론이 먼저 알려주는 상황에 무력함을 호소했다. 개학 연기가 장기화되더니 초유의 온라인 개학이 이뤄지고 등교수업과 원격수업의 병행이라는 상황에 이르자 개별 학교에서 자율적으로 판단하고 결정하도록 권한을 일부 이양한 부분이 있었다.

그런데 흥미로웠던 사실은 정작 학교가 자율성을 갖게 되자 오히려 교육부가 아무런 지침을 주지 않고 책임만 전가한다면서 원망하는 일이 벌어진 것이었다. 그토록 분권화와 자율권을 주장했지만 막상 권한이 주어지자 쉽사리 결정하지 못하고 인근 학교의 사정을 살피고 교육청에 판단을 요구하는 모습을 보였다. 왜 이런 현상이 일어났을까?

선생님들은 학교와 교실을 규정하고 있는 수많은 지침을 불편해한다. 교육청이나 학교장의 일방적인 지시에 거부감을 가지고 있다. 정해진 내용과 방법을 강요하는 수업에 의문을 제기한다. 선생님이 학교와 학급을 자율적으로 운영하고 학생들과의 수업도 아무런 간섭 없이 자유롭게 펼치고 싶어한다.

그렇지만 막상 자율권이 주어지면 적극적으로 활용하고 성공적 사례를 만들고 확산시키는 데 이르지 못하는 경우가 많다. 교육과정의 경우 과학 교과의 자유탐구가 그랬고 도덕 교과의 구성차시도 그렇고, 교육청에서 추진하는 각종 프로젝트도 그렇다. 여러 요인들을 다각적으로 분석해야 할 필요가 있겠으나 교사의 자율성, 주도성을 중심으로 보면 평소에는 자유를 갈망하겠지만, 정작 자유가 주어지면 불안해 하고 오히려 귀찮게 생각하며 뭔가 사례를 주거나 지침을 정해 주기를 원하는 역설적인 상황이 발생한다.

배움도 마찬가지이다. 의무교육이라는 국가 제도의 기간 내에서든 이를 벗어나서든 자기가 원하는 배움을 찾아 자신만의 길을 가는 사람을 찾아보기는 힘들다. 사람들이 정말 자유를 원한다면 획일적인 교육, 경쟁에 내몰리는 입시, 생계를 위해 스펙을 챙기는 모습이 사라져야 하지 않을까? 왜 더 많은 자유와 권리를 주장하며 연대하지 않고 더 많은 지식과 스펙을 위해 자신을 스스로 억압하는 일들이 반복되어야 할까?

피천득은 '마음의 자유를 천만금에는 아니 팔 것이다. 그러나 용돈과 얼마의 책값과 생활비를 벌기 위하여 마음의 자유를 잃을까 불안할 때가 있다.[3]'고 썼다. 자유는 누구나 최고의 선으로 생각하지만 사사로운 것들에 의해 의외로 쉽사리 버림을 받는 존재이다. 어쩔 수 없는 상황으로 인해 자신의 자유를 포기해야 할 수는 있다. 하지만 빵을 추구하듯 스스로의 예속을 욕망하는 현실은 지난한 물음으로 남아 있다.

이성적 인간 그러나 불합리한 선택

이탈리아의 파레토(V. Pareto)는 개미를 관찰하면서 열심히 일하는 개미와 그렇지 않은 개미가 20:80의 비율로 있음을 관찰하고 또 다른 실험을 하였다. 이번에는 열심히 일하는 20%의 개미들만 분류해서

---

3) 피천득의 수필 '용돈' 중에서

관찰했지만 똑같은 현상이 일어남을 발견했다. 이 같은 현상은 개미뿐 아니라 사람의 세계에서도 동일하게 적용된다는 연구 결과를 얻게 되었고 '결과물의 80%는 조직의 20%에 의해 생산된다'라는 파레토의 법칙을 내놓았다.

20:80의 법칙은 20%의 사람이 전 세계 부의 80%를 차지하고 있다는 양극화에 자주 인용된다. 토마 피케티(Thomas Piketty)는 이러한 양극화 현상에 지난한 물음을 던졌고 생산에 의한 부의 창출보다 자본(재투자)에 의한 부의 창출이 더 앞지른다는 통찰을 얻었다. 해법으로 누진적인 자본세 징수를 제시하였고 전 세계적 협력과 정치적 통합이 뒷받침되어야 한다고 주장했지만 결코 간단한 문제가 아니다.

절대 다수를 차지하고 있는 80%의 사람들이 광범위한 협력과 정치적 통합을 이룬다면 이 문제를 손쉽게 해결할 수 있어 보이지만 실상은 그렇지가 못하다. 다수를 차지하고 있는 사람들이 투표 등 정치적 행위를 통해 현실을 개선하지 못하고 계속해서 양극화로 치닫고 있는 현실을 어떻게 설명해야 할까?

미국의 인지언어학자 조지 레이코프(George Lakoff)는 이 현상에 대해 나름의 해석을 들려준다. 그는 '다르게 생각하려면 우선 다르게 말해야 한다.'고 말하며 인간은 프레임을 통해서 사고할 수밖에 없다고 주장한다. 또한 많은 사람들이 자기 삶의 서로 다른 영역에서 모순된 도덕 체계에 따라 행동하는 이중개념주의를 지니고 있다는 사실을 알려준다.

그는 '왜 가난한 사람들이 부자를 대변하는 정치인을 선택하는가?'

어떻게 배움의
주인이 되는가

라는 질문에 대해 '사람들은 자신들의 정체성에 따라, 가치에 따라, 동일시하고 싶은 대상에게 투표한다'고 했다. '유권자들은 자신들의 암묵적·자동적·무의식적으로 옳다고 믿는 것에 따라 투표한다. 요컨대 선거는 이중개념 소유자들이 어느 한쪽의 도덕적 전망을 취하도록 만드는 일과 밀접한 관계가 있다'[4]는 것이다.

결국 자신의 이익에 관심이 없어서가 아니라 자신의 도덕적 전망, 정체성을 이용한 정치적 프레임에 대중이 속고 있다는 결론을 내린다. 합리적인 이성과 자유의지를 가진 인간이 보여주는 불합리성에 대한 성찰은 오랜 역사를 가지고 있다. 또 다른 견해를 살펴보자.

스스로 복종하려는 욕망의 굴레

지금으로부터 수백 년 전에 이러한 질문을 던진 이가 있었다. 프랑스 근대정치철학의 창시자로 불리는 에티엔 드 라 보에시(Etienne de la Boétie)는 10대 후반에 『자발적 복종』이라는 책을 집필하였다. 그는 단 하나의 문제로 '과연 어째서 그렇게 많은 사람들, 그렇게 많은 마을과 도시, 그렇게 많은 국가와 민족들이 전제 정치를 참고 견디는 일이 항상 일어나고 있는가'를 다루었다. '인민은 스스로 노예가 되어 자신의 목을 자르는 사람과 같다. 그들은 자유나 복종 가운데 하나를 선택할

---

4) 조지 레이코프. 코끼리는 생각하지 마. 유나영 역(2018) 와이즈베리. p118

수 있지만 대부분의 경우 노예의 처지를 택한다.'5)라는 서술에서 보듯 폭군은 권력에 굴복하려는 자발적인 민중의 태도에서 발생한다고 보았다.

이 같은 태도는 민중을 우둔하게 만들려는 전제 군주의 책략과 권력욕과 이익에 대한 개인의 욕망이 결합해서 만들어 낸 결과라고 주장한다. 권력에 눈 먼 사람들은 왕의 총애를 받고자 동료에게까지 해를 가하기도 한다. 또한 독재자의 아래에서 작은 폭군으로 군림하며 전리품이라도 챙기려고 한다. 민중이 스스로를 예속하는 지경에 이른 이유는 자유를 오래도록 잃어버린 탓에 습관화된 것과 더불어 이익에 유혹되고 권력의 욕망에 빠져들었기 때문이라는 것이다. 마키아벨리의 군주론과 정반대의 지향을 품고 있으나 둘이 직시하고 있는 인간의 실체는 사뭇 비슷하다.

하지만 그는 사람에게는 천부적 자유가 주어져 있고 이를 정치적 자유로 사용할 수 있는 권리와 힘도 지니고 있다고 한다. 그래서 명예와 선과 사랑을 위해 자신의 천부적 자유를 사용할 수 있도록 각성을 촉구했다. 불과 10대의 나이에 예리한 통찰을 보여준 천재성이 놀랍긴 하지만 자발적 예속의 욕망에 대한 지난한 물음은 계속해서 이어졌다.

---

5) 에티엔 드 라 보에시. 자발적 복종. 박설호 역(2004). 울력. p20~21, p27~28

어떻게 배움의
주인이 되는가

각성과 지속적 실천이라는 대안

'20세기는 전체주의를 낳은 시대다[6] 일본 최후의 사상가로 불리는 후지타 쇼조(藤田省三)는 전체주의가 특정 시대와 지역에 국한되지 않고 지금 여기에도 스며들고 있음을 직시한다.

그는 전체주의를 세 가지로 구분한다. 개별 인간의 고유성이 부존하는 전쟁의 전체주의, 불안을 끊임없이 야기하는 정치지배의 전체주의, 불편함을 마주하지 않기 위해 그것을 아예 말소시키는 생활양식의 전체주의가 있다고 한다. 그중에서 무엇보다 생활양식의 전체주의를 경계해야 한다고 주장했으며, '자신의 안락한 상황에 자발적으로 예속된 상태'를 '혈색 좋게 죽어 있는 상태'이며 '볼이 통통하게 살찐 시체'라고 표현한다.

그에게 현대 사회는 인큐베이터와 다름없다. 인큐베이터 속 사람은 외부와 맨몸으로 부대낄 기회가 차단되어 자신을 뒤흔들고 혼돈과 고민에 빠지게 되는 자유로운 경험을 가질 수 없다. '자신을 초월한 절대적 타자인 사물과 대면하여 고통을 수반하는 그것과의 교섭을 기피하지 않는 정신'을 갖지 못한다. 이러한 성년식을 통과하지 못한 현대인은 변질된 나르시시즘에 빠지게 되고 불쾌감을 가져오는 모든 것들을 무차별적으로 배제하려 든다.

배제가 창궐하는 곳은 전체주의가 자라기 좋은 환경이다. 불편을

---

6) 후지따 쇼오조오. 전체주의 시대경험:자발적인 예속과 불량의 윤리학. 이홍락 역(2014). 창비

멀리하고 안락을 추구하는 사람들은 안락의 상실에 대한 끊임없는 불안에 시달리게 된다. 그리하여 회사에 대한 의존과 과잉충성, 힘있는 조직에 대한 이기적인 귀속심처럼 자신의 안락을 보호해 줄 이익보호자를 찾게 되고 종국에는 전체주의가 출현한다.

그는 경험의 부족을 전체주의의 원인으로 지목하면서 전체주의를 벗어나기 위한 출구 역시 경험에서 찾는다. 자유로운 경험의 조건으로 자신을 흔들고 균열을 일으키는 사물에 대하여 열어두라고 한다. 또한 예측한 의도대로 결과가 흐르지 않더라도 끊임없이 반복하여 자기 내부로부터 가치를 재생해 나가는 경험을 가지라고 한다.

안락에의 예속을 저항하는 길은 생활과 관련해 잃어버린 평안, 즐거움, 향수, 기쁨 등을 매일의 삶에서 회복하기 위한 노력을 통해 충실감을 가지도록 권한다. 매 순간 모든 문제에 대해 개별적인 자기비판을 쌓아 가는 작업을 통해 집단 지적 세력을 만들자고 제안한다.

전체주의가 정치체제만의 문제가 아니라 일상 속의 양식으로 자리잡고 있음을 파악한 그의 통찰을 지나치기 어렵다. 개인의 각성과 지속적 실천이라는 대안을 구체화하는 작업을 어떻게 펼쳐 갈지 고민이 되는 지점이다.

세계와 자신의 삶을 긍정하기

1672년 네델란드의 공화주의자 얀 더빗(Jan de Witt)이 군주정을 옹

어떻게 배움의
주인이 되는가

호하던 오란예 가문에 의해 감옥에 갇히고 성난 폭도들에 의해 처참히 살해되는 일이 발생한다. 자신들을 군주의 노예로 만들려는 세력을 위해 오히려 자신들의 자유를 지켜주려던 사람을 무참하게 죽이는 아이러니한 사태가 벌어진 것이다.

이를 두고 스피노자(Baruch de Spinoza)는 '왜 인간들은 자신들의 구원을 위해 싸우기라도 하는 양 자신들의 예속을 위해 싸울까?' 라는 질문을 신학정치론 서문에서 던지게 된다. 스피노자는 들뢰즈(Gilles Deleuze)에 의해 '철학자들의 그리스도'라 불리고 『에티카』 등 굵직한 저서를 남긴 대철학자이지만 1656년에 유대교회에서 파문당한 채 지금까지도 복권되지 않고 있다.

평생 자유를 추구하며 살았던 그는 인간사회가 미신에 휘둘리고 있어서 자발적 예속이 일어난다고 보았다. 인간은 지성이 빈약할수록 삿된 미신에 동요되고 불안과 공포에 사로잡히게 된다. 그러면 제멋대로 신을 상상해 내어 자신을 내맡기게 되는데 이러한 종교적 예속이 정치적 속박으로 이어진다는 것이다.

스피노자에게 있어 세상의 모든 것은 하나의 실체인 신이 여러 가지의 양태로 나타난 것일 뿐이다. 하지만 스피노자의 신은 모든 것을 창조하고 규정하는 초월적인 신이 아니라 이 세계와 함께하고 있는 내재적인 자연 그 자체이다.

따라서 우주와 자연의 근본적인 원리, 법칙을 이성적이고도 합리적으로 파악하는 일을 '신에 대한 사랑'으로 불렀고, 신의 내적 필연성을 이해함으로써 신을 사랑할 수 있고 신(자연)의 일부인 자기 삶도 긍정할 수 있어 복종을 넘어설 수 있다고 보았다.

스피노자는 인간이 외부적 요인이 아니라 자기 스스로 불안과 허구를 생산하여 예속의 나락에 묶이는 현상을 경계해야 함을 분명히 말하고 있다.

리비도는 속고 있다?

독일, 이탈리아, 일본 이 세 나라는 파시즘이 득세했던 공통점을 안고 있다. 흔히 과거를 반성하지 않는 일본을 두고 독일을 본받아야 한다고 말한다. 그만큼 독일의 과거사 청산을 위한 노력은 국제적으로 진정성을 인정받고 있다.

하지만 최근 베를린의 소녀상을 두고 한국과 일본 그 사이의 독일이 보여주는 아슬아슬한 힘의 대결에서 파시즘은 언제든 균형이 무너지는 순간 창궐할 수 있겠다는 불안이 몰려온다. 마치 둑에 갇힌 물이 배수가 되지 않아 흘러 넘치거나 둑에 균열을 일으켜서 한순간 주위를 쓸어버릴 것 같은 느낌이다. 파시즘은 순식간에 응축되고 언제든 거대한 흐름으로 집어삼킬 수 있는 산재된 힘들에 숨어 있다. 파시즘은 본래 '묶음'이란 이탈리아어 파쇼(fascio)에서 유래했다.

1920년대 후반에 미미했던 나찌당이 불과 몇 년만에 거대한 지지를 얻어 집권을 하고 히틀러를 출현시켰다. 곧바로 제2차 세계대전이 일어나고 5천만 명이 희생되었다. 정신분석학자이자 마르크시스트

빌헬름 라이히(Wilhelm Reich)는 독일의 파시즘을 경험하면서 그 기반에 대중들의 지지가 있다는 사실을 발견한다. 그리고는 억압받는 대중들이 그들의 자유를 구하는 것처럼 예속을 욕망하는 역설적인 상황을 연구하기 시작한다.

프로이트(Sigmund Freud)와 마르크스 이론을 적절히 접목하여 연구한 결과 '생동하는 것은 파시즘이 없이도 존재할 수 있지만, 파시즘은 삶의 충동 없이는 존재할 수 없다.'고 하며, 파시즘과 같은 억압이 존속하는 배경에는 인간 의식 속에 내면화된 성격구조가 있기 때문이라고 했다. 인간은 책임 있고 양심적인 표면층과 그 아래 철두철미하게 충동으로 구성된 성격층, 가장 안쪽에 생물학적 핵심의 층으로 구성되어 있다.

생물학적 핵심의 모든 충동은 반드시 도착적 욕구의 층을 통과해야 하는데 이 과정에서 왜곡이 일어날 수 있다. 리비도를 억압하는 사회체제가 개인에게 내면화되면 성격구조(personality structure)가 형성되고 여러 세대를 거치면서 사회적 구조를 재생산하게 되는 것이다.

리비도를 억압하는 가부장적인 가족제도는 하부구조와 상부구조의 사이에서 성격구조를 내면화시키는 역할을 담당하고 있다. 이러한 성격구조가 권위적인 가정, 권위적인 국가, 권력에 순응하여 자발적 복종을 불러온다는 것이다. 따라서 파시즘에 대한 그의 해답은 리비도의 해방을 위한 성(性)정치로 귀결되었다. 이 같은 주장을 이유로 라이히는 정신분석학계와 공산당으로부터 동시에 비난을 받는 처지가 되었다.

요즘 자신과 다르다는 이유로 상대를 타자화하고 혐오를 부추기며 공격까지 하는 일들이 자주 일어나고 있다. '파시즘은 사랑이 충만한 봄날, 생명체에 달라붙어 고삐 풀린 살인 충동을 만끽하는 흡혈귀'라는 그의 말을 그냥 지나치기 어렵다.

욕망은 하부구조이다!

스피노자와 라이히를 거쳐 프랑스의 들뢰즈와 과타리(Pierre-Félix Guattari)는 자발적 예속이라는 지난한 질문을 이어받는다. '어떻게 사람들은 권력을 욕망하면서도 동시에 자기 자신의 무력함을 욕망하기에 이를까?[7] 라는 절박한 물음이 그들의 철학적 과제였다. 둘은 『안티 오이디푸스』와 『천개의 고원』을 집필하면서 문제 상황을 분석 비판하고 대안을 제시하고자 했다. 자발적 예속이라는 부조리한 현상을 파고드는 이유는 결국 인간의 자유를 규정하기 위함으로 보인다.

난제를 해결할 실마리로 주목한 것은 안티 오이디푸스였다. 오이디푸스 콤플렉스에 의해 주체화된 사람들은 자신에게 결핍된 것을 욕망하고 있다고 믿는다. 그들은 가족이라는 태생적 굴레에 묶여 실제 세계를 있는 그대로 만나지 못한다. 결핍이 가져오는 욕망의 흐름이 자신을 억압하기에 이른다고 본다.

---

7) 들뢰즈&과타리. 안티 오이디푸스. 김재인 역(2015). 민음사, p405

어떻게 배움의
주인이 되는가

하지만 들뢰즈와 과타리는 그렇게 보지 않았다. '욕망은 절대로 속는 법이 없다. 이해관계는 속거나 오인하거나 배반당할 수 있지만 욕망은 그렇지 않다[8] 고 말하며, 욕망은 본래 그렇다는 대답을 내놓았다. 욕망이 본래 예속을 원한다는 게 아니라 욕망은 좋고 싫음의 이전, 선과 악의 저편에 있으며 자신의 이해관계를 뛰어넘는다고 했다. 욕망은 오히려 하부구조의 일부라는 것이다.

들뢰즈와 과타리에 있어 욕망은 곧 니체(F. W. Nietzsche)가 말한 힘에의 의지와 닮았다. 더 커지고 강해지려는 본성을 지닌 힘에의 의지는 도처에 존재하고 있다. 모든 욕망은 곧 생산으로 이어진다. 욕망은 배치에 따라 그 속성이 달라지며 생산을 계속한다. 입이 음식과 만나면 먹고 다른 입을 만나면 키스하듯, 욕망은 배치의 계열 속에서 속성이 결정된다. 욕망은 자신의 해방과 억압 사이에서 지속적으로 진동하고 있기에 누군가에 의해서가 아니라 내재적인 흐름에 따라 자기 스스로를 예속하는 결과로 언제든 이어질 수 있다.

'누군가를 모시고 있는 자의 의지에서조차 주인이 되고자 하는 의지를 발견할 수 있었다. (중략) 보다 작은 자가 한층 더 작은 자에게서 즐거움과 힘을 누리기 위해 보다 큰 자에게 헌신하듯 더없이 큰 자 또한 헌신하며 힘을 확보하기 위해 생명을 거는 것이다.'[9] 이처럼 니체는 이미 많은 것을 들여다보고 있었다. 사회의 체제가 쉽사리 변혁되

---

8) 위의 책. p433
9) 니체. 짜라투스트라는 이렇게 말했다. 정동호 역(2017), 책세상. p194~195

지 않는 현실을 힘에의 의지라는 개념으로 꿰뚫고 있다.

사람들은 더 크고 강한 힘과 집단을 욕망하는 흐름에 얹혀 있기에 너무나 쉽게 파시즘에 휩쓸릴 수 있는 존재이다. 따라서 권력의 꼬리라도 붙잡고 싶어서 스스로의 예속마저 헌납하는 것이지 결코 무언가에 누군가에 속아서 그렇게 하지는 않는다는 말이다.

하부구조로서의 욕망을 주장한 들뢰즈와 과타리는 '기관 없는 신체'라는 개념을 창조한다. 어떠한 초월성이나 동일성에도 회귀하지 않기 위해 주체화, 기표화, 유기체화로부터 달아나 오로지 차이 그 자체인 강도로만 포착이 되는 순수한 잠재성의 지대를 말한다. 기관 없는 신체로서의 인간은 무엇이든 '되기' 이전의 혹은 되기의 과정에 있는 상태이다. 되기는 비우고 버리고 떠나는 일에서 시작된다. 그래야 새로움과 변화를 채우고 얻고 만나는 일이 가능해진다. 이곳이야말로 배움이 발아할 수 있는 지점이다.

니체는 인간이 성장하는 3단계의 과정을 낙타, 사자, 어린아이에 비유했다. 권위에 순종하는 낙타에서 그 굴레를 벗어던지고 자유를 얻으려는 사자를 거쳐 마지막으로 어린아이가 되어야 한다고 했다. 이 어린아이가 바로 기관 없는 신체이다. 어디에도 구애됨 없이 순수한 잠재성을 지닌 어린아이 되기를 거쳐야 참된 주체(인간)으로 자라날 수 있다는 것이다.

들뢰즈와 과타리의 질주하는 사유들을 따라잡긴 너무나 미력하지만 일렁이는 욕망 속에서 현실을 직시하기 위한 삶의 윤리학, 무엇이든 될 수 있는 '기관 없는 신체'와 '되기'라는 개념은 교육에서 주목해

어떻게 배움의
주인이 되는가

야 할 부분이다.

예속을 넘어서는 힘

대니얼 카너먼(Daniel Kahneman)은 심리학자이면서 노벨 경제학상을 받은 독특한 사례이다. 사람들은 스스로 합리적이고 이성적으로 생각하고 판단해서 행동한다고 생각하지만, 사실은 그렇지 못한 행동을 할 때가 많다는 게 그의 주장이다. 직관과 숙고라는 두 개의 시스템 사이에서 인간은 늘 합리적일 수 없다며 하나하나 사례를 들어 표준 경제학이 신뢰하는 합리성을 비틀었다. 그는 인간은 생각하고 있었던 것처럼 합리적이지도 자유롭지도 않은 존재임을 밝혔다.

인간이 늘 합리적이며 이성적으로 사고하고 행동한다면 많은 사회적 문제들이 발생하지 않았거나 발생했더라도 이미 해결되었어야 했다. 하지만 사람들은 생활양식부터 정치체제에 이르기까지 도처에서 파시즘을 경험하며 스스로의 자유에서 끝없이 미끄러지고 있다. 스스로의 예속을 욕망하는 사실을 직시하게 된 이상 어떻게 하면 벗어날 수 있을까 하는 질문에 봉착한다.

무엇이든 생산하는 욕망의 속성이 도처에 우글거리며 한순간 공진하여 엄청난 파도를 만들어 내는 세상이다. 자발적 예속도 극단적인 쏠림이 낳는 편집증에서 비롯된다. 삶 속에서 자신을 고착화시키거나 어딘가로 떠미는 작동이 무엇인지 끝없이 묻고 살펴야 한다. 일상이 주는 안락이라는 물적인 운동에 갇히지 않게 스스로 각성하고 성찰하는 분자적 운동을 지속해야 한다.

그래야 자신을 둘러싼 세계와 주체적으로 감응하고 능동적으로 상호작용하여 자신도 성장하고 세계를 변혁시켜 나갈 수 있는 것이다. 자발적 예속을 넘어서는 힘, 그것이 바로 배움이다. 개별적 감응과 능동적 상호작용을 필요로 하는 배움은 주관적인 행위의 영역이고 그 결과는 다채로울 수밖에 없다.

현대사회는 지속적인 소비에 기대고 있는 체제이므로 표준화, 평균화된 생산물을 요구한다. 같은 시기, 모양, 성질의 균질한 생산품이 아니면 버려지고 일부러 도태시킨다. 공산품은 말할 것도 없고 농작물이나 가축도 마찬가지이다.

사람은 어떨까? 사람은 나면서 가정과 학교를 통해 기존의 사회체제에 적응하게 된다. 사람들은 아이를 교육하기 위해 모델과 표준 그리고 매뉴얼을 끝없이 만들어 낸다. 있지도 않은 평균이라는 개념을 만들어 이를 기준으로 관리하고 통제하려고 든다. 그러나 '평균값에서 너무 동떨어진 값은 오류값이 아니라 이것이 살아남거나 새로운 진화를 낳는 원동력이 되기도 하는 것이 생물의 세계이다.'[10]

식물들은 다양성이 보장되지 않으면 병, 기후, 환경의 변화에 대처하기 힘들어 한순간 멸종의 위기에 빠질 수 있으므로 몇 십억 년 동안 다양성에 투자해 왔다. 사람도 마찬가지이다. 하나의 기준으로 평

---

10) 이나가키 히데히로, 전략가 잡초, 김소영 역(2021), 더숲

어떻게 배움의
주인이 되는가

가되어 다양성이 존중받지 못한 사회는 단일한 주파수에 진동하기 쉽다. 돈, 권력, 이데올로기, 종교 등 특정 주파수에 사회 전체가 공진하지 않는 건강함을 가지기 위해서는 다양성을 확보해야 한다. 자기에게 덧씌워져 있는 모든 것에서 달아나 순수한 잠재성을 대면하는 힘이 필수적이다.

잠재성을 현실로 드러나게 하는 힘이 주도성이다. 자신의 잠재된 욕망이 생산하는 것들을 마주하고 자신의 힘으로 세상과 조화를 이뤄 나가는 경험이 필요하다. 학교에서 놓치고 있는 일들을 성찰해야 한다. 아이들이 스스로 사유하고 실천하는 공부를 통하여 잠재성을 발현할 수 있는 시공간을 마련해 주어야 한다. 그리하여 아이들은 각자의 이론이 되어야 한다. 아이들 모두 자기정립적인 세계를 열어 가는 교육을 꿈꾸어 본다.

무엇이 배움을 포획하는가

홈 패인 공간으로서의 교육과정

교육과정은 학생들의 배움을 안내하는 가상의 경로이다. 이것이 학생들의 실제 삶으로 이어지려면 촘촘한 지도만큼이나 비어 있는 여백도 필요하다고 생각한다. 학교, 교사, 학생들이 스스로 길을 내어가는 경험을 가질 수 있는 지대가 있으면 좋겠다. 교육과정의 지나친 안내가 오히려 학생들의 배움을 붙들고 있지는 않은지 성찰을 시작해 보자.

국가 수준 교육과정이란?

교육자치 30주년을 맞이하는 해이다. 지방교육자치에 관한 법률

이 1991년 3월 8일에 제정되었고, 같은 해 6월 20일에 시행되었다. 2009년 경기도를 시작으로 2010년에는 전국 광역자치단체에 교육감이 선출됨으로써 지역별 특성에 맞는 교육 정책들이 도입되고 있다. 그렇다면 교육과정에서 가장 두드러진 변화는 무엇일까?

첫째, 현장 중심의 교육과정을 만들기 위한 교육과정 거버넌스의 구성 요구이다. 지금까지 교육부와 교육과정평가원이 주축이 되고 전문가 집단 위주로 개발되어 온 교육과정을 현장의 참여를 기반으로 하는 거버넌스를 통해 개발하자는 요구가 커지고 있다.

전국시도교육감협의회에서는 '교육과정 현장 네트워크'라는 이름으로 교육과정 거버넌스를 연구자 중심에서 현장 중심으로 변화시키고, 네트워크 구성원들이 학교와 교육청에서 실제 교육과정을 만들어가는 주체가 되길 바라고 있다. 2021학년도 상반기에는 전국 500명, 하반기에는 1,000명, 2022학년도 하반기에는 유치원을 포함한 전국의 교원 및 교육전문직원의 5%인 25,000명 이상의 네트워크를 목표로 한다.

또한 국가교육위원회의 준비단계인 국가교육회의에서도 교육정책 거버넌스 구축을 위해 힘을 모으고 있으며, 앞으로 교육과정 개발을 비롯한 초·중학교 교육을 담당할 것으로 예상되고 있다. 이러한 일들이 2022년 교육과정 개정에 어떤 변화와 성과를 가져올지 궁금해진다.

둘째, 학교 교육과정의 자율적 편성·운영에 관한 시도들이 제도화되고 있다. 광주교육청의 학생 자기설계 교육과정,[11] 전북교육청의 학교교과목,[12] 경기교육청의 학교자율과정,[13] 경북교육청의 학생 생성 교육과정[14]이 그러한 예이다.

위의 정책들은 국가수준 교육과정에 의한 교육의 표준화, 획일화에 대응하여 교육과정의 분권화와 학교 교육과정의 자율화 실현을 위한 현장의 시도들이다. 우리나라의 국가수준 교육과정은 내용 체계와 성취기준을 세세하게 규정하고 있고, 교과서를 보급하면서 교사용 지도서에 차시까지 촘촘히 제시하고 있어 현장에 미치는 영향이 아주 강력하다.

초임교사 시절 선배 선생님들은 햇병아리 교사인 나에게 많은 조언을 해 주었다. 학기말이 다가오면 잊지 않고 꼭 해 주던 말이 있었다. 교과서는 읽기라도 해서 끝까지 놓치지 말고 다루어 주라는 당부였다. 그렇지 않을 경우 수업을 소홀히 한 교사가 되어 학부모의 민원이 생긴다는 것이었다.

아직도 일부 학부모는 교과서를 교육과정으로 인식하며 교과서를 다 가르치지 않는 일 즉, 진도를 덜 나가는 일은 교사의 책무를 다하지 않은 것으로 여긴다. 교과서와 교사용 지도서 덕분에 전국의 모든 학교와 교실, 교사, 학생들이 똑같은 시기에, 똑같은 내용으로 공부하

---

11) 교과 교육과정의 1/17(학기 기준)을 학생 주도의 주제중심 문제해결활동으로 학습의 학생 자기 결정권을 보장하기 위한 광주교육청의 2021년 주요 정책 중 하나임.
12) 전북교육청에서 2019년부터 학교교육과정 활성화를 위해 시행 중인 초등학교 학교교과목 개설 정책
13) 학교는 학생이 배움의 주체가 되는 교육과정을 운영하기 위하여 교과(군)과 창의적 체험활동 시수를 활용한 '학교자율과정'을 편성할 수 있다. 경기도교육과정 총론, 2021-486호(2021. 1. 5.) 7쪽 참조
14) 학생이 주도적으로 설계, 실행, 평가하는 교육과정을 학기당 15시간 내외로 편성 운영하는 정책으로 2021학년도 선도학교 운영 중임

어떻게 배움의
주인이 되는가

고 똑같은 시험으로 평가를 받을 수 있는 것이다. 국가수준 교육과정은 교과서라는 강력한 수단을 통해 학교교육을 단단히 붙들어 매고 있다.

학교 교육과정의 역사

학교, 교사, 학생의 교육과정 재구성에 관한 관심이 높아지고 현장 교원의 교육과정 역량이 높아짐에 따라, 자연스럽게 학교 교육과정의 자율화 요구도 커졌다. 이러한 과정은 국가수준 교육과정의 개정 변화 속에도 고스란히 담겨 있어 그 부분을 살펴보겠다.

> 중앙 집권형 교육과정을 지방 분권형 교육과정으로 전환하여, 시·도 교육청과 학교의 자율 재량권을 확대하였다.
>
> 〈6차, 1992, 초등학교 총론 해설서 38〉 중에서

이때까지 교육부에서 국가 수준의 교육과정을 제시하고 학교는 이에 따라 실행하는 역할에 머무른 '중앙 집권형'이었지만 '지방 분권형' 교육과정으로의 전환을 6차 교육과정에서 시도하였다. 교육부에서는 국가수준의 기준을 고시하고, 시·도 교육청은 국가 기준을 근거로 당해 시·도 교육과정 편성·운영 지침을 작성하여 각 학교에 제시하면 각 학교가 실정에 맞게 교육과정을 편성하여 운영하도록 하는 '교육 현장-시·도 교육청-교육부'의 역할과 기능을 명확히 제시하였다. 또한 초등 1학년 입학초기 활동 '우리들은 1학년' 편성·운영권을 시·도

교육청에 이관하였으며 학교 재량 시간을 신설하였다.

이어서 7차 교육과정에서는 학교와 학생의 역할에 대한 패러다임의 전환이 이루어진 시기였다. 개인적으로 교육과정 문서에서 가장 좋아하는 구절을 인용해 본다.

> 국가에서 일방적으로 만들어서 '주어지는 교육과정'의 틀에서 벗어나, 교육을 실천하는 학교에서 다양하게 '만들어 가는 교육과정'으로의 전환을 요구하는 것이다. 이러한 사고의 전환은, 학생은 어른이 만들어 놓은 교육과정의 틀 속에서 그들이 기대한 대로 '변화'하는 것보다는, 그들이 스스로 교육과정을 만들어 가며 '변혁'하는 것이라고 보는 입장이다.
>
> 〈교육부 고시 제1997-15호에 따른, 7차 1997 초등학교 총론 해설서〉 중에서

제7차 교육과정에서는 교육과정을 '학습자에게 학습 경험을 선정하고 조직하여 교육 경험의 질을 구체적으로 관리하는 교육의 기본 설계도'라고 정의하고, 총론 문서에 시·도 교육청 수준, 지역 교육청 수준, 학교 수준을 세분화하여 제시하였다. 교육의 설계를 국가가 독점하여 제공하지 않고 현장에서 '만들어 가는 교육과정'이라는 개념은 가히 패러다임의 전환이라고 할 만하다. 실행자로서의 역할만 요구받던 학교와 교사들이 교육과정의 설계자가 되어야 한다는 선언은 학교 교육과정에 대한 관심과 실천을 불러오는 계기가 되었다. 특히 학생을 틀에 맞춰 '변화시키는 대상'이 아니라, 스스로 교육과정을 만들어 가는 '변혁의 주체'로 규정한 사실은 지금 보아도 매우 혁신적인 문서

이다.

2009년 개정 교육과정기에는 '학교 교육과정 편성·운영 지원' 항목을 신설하여 학교 교육과정을 위해 국가와 교육청이 어떠한 사항을 지원해야 하는지 명시하였고, 2015년 개정 교육과정에서도 좀 더 자세하게 안내되었다. 학교뿐 아니라 교육과정 개발자로서의 교사 역할을 명확히 안내하고 있었다.

> 교사는 학교 교육과정의 최종적 실행자인 동시에 학생들의 능력과 요구를 가장 잘 파악하고 학교의 지역적 특수성을 가장 잘 아는 사람이다. 따라서 교사는 단순히 교육과정 사용자가 아니라 교육과정의 실천가임과 동시에 개발자 및 결정자로서의 전문적 역량을 발휘할 수 있도록 지속적인 노력을 기울여야 한다.
>
> 〈교육부, 2010, 초등학교 총론 해설서〉 중에서

규정된 자율의 풍선효과

교육과정이 펼쳐지는 곳은 결국 학교이다. 국가수준 교육과정을 그대로 학교에 실행하던 시기에서 분권형 교육과정, 만들어 가는 교육과정을 거쳐 학교 교육과정의 자율화에 대한 요구는 갈수록 커지고 있다. 우선 현행 2015년 개정 교육과정에서 학교 교육과정에 대한 서술을 살펴 보자.

Ⅲ. 학교 교육과정 편성 운영

1. 기본 사항

    가. 학교는 이 교육과정을 바탕으로 학교 실정에 알맞은 학교 교육과정을 편성·운영한다.

    나. 학교는 학교 교육과정 편성 운영 계획을 바탕으로 학년(군)별 교육과정 및 교과(목)별 교육과정을 편성할 수 있다.

〈교육부, 초중등학교 교육과정 총론, 2015〉 중에서

가장 큰 원칙이 국가수준 교육과정을 바탕으로 학교 교육과정을 수립하고 그에 따라 학년(군)과 교과(목)별 교육과정을 층위별로 수립 운영하라는 내용이다. 거기에 덧붙여 각 학교의 실태와 여건을 반영하도록 다음과 같이 안내하고 있다.

    마. 학교 교육과정을 편성·운영할 때에는 교원의 조직, 학생의 실태, 학부모의 요구, 지역사회의 실정 및 교육시설·설비 등 교육 여건의 환경을 충분히 반영하도록 노력한다.

    사. 학교는 교과와 창의적 체험활동의 효율적인 운영을 위하여 지역사회의 인적, 물적 자원을 계획적으로 활용한다.

    아. 학교는 학생의 요구, 학교의 실정 및 특색 등을 종합적으로 고려하여 창의적 체험활동의 영역, 활동, 시간 등을 자율적으로 편성·운영할 수 있다.

    자. 학교는 창의적 재량활동이 실질적 체험학습이 되도록 지역사회의 유관 기관과 연계 협력하여 프로그램을 운영할 수 있다.

〈교육부, 초중등학교 교육과정 총론, 2015〉 중에서

어떻게 배움의
주인이 되는가

교원, 학생, 학부모, 지역사회, 인적·물적 자원 등을 충분히 반영하여 재구성하라는 원론적 내용이다. 이 이외에도 학년군, 집중 이수제, 교과별 시수 20% 증감 운영 등 학교 단위의 자율성을 보장하는 장치는 꽤 많이 포함되어 있다.

그럼에도 불구하고 실제로 학교에서 자율적으로 결정할 수 있는 폭은 넓지 않다. 왜냐하면 국가수준 교육과정에서는 위와 같은 내용 이외에 매우 강력한 제한 사항을 규정해 두고 있기 때문이다. 이를테면 시수 20% 증감은 예·체능 교과를 제외하도록 하고 있고, 교과별 내용 체계와 성취기준은 학교에서 건드리지 못하는 영역이기 때문이다.

특정 교과 시간을 20% 감축하는 것은 단원 재구성, 교육과정 압축 등과 같은 방식으로 교과 교육과정을 재구성하여 운영함을 의미하는 것이지, 일부 내용 (성취기준)을 삭제하여 가르쳐도 된다는 말은 아니다.

〈2015 개정 교육과정 총론 해설서〉 p69 중에서

위의 해설처럼 성취기준은 다른 것으로 대체하거나 삭제하지 못하고 반드시 주어진 대로 다뤄야 한다고 명시하고 있다. 이렇다 보니 교육과정 재구성의 대부분은 성취기준의 매핑을 통해 순서를 바꾸거나 소재 중심으로 재편성할 수밖에 없는 한계가 있다.

바. 교과와 창의적 체험활동의 내용 배열은 반드시 학습의 순서를 의미하는 것은 아니므로 지역의 특수성, 계절 및 학교의 실정과 학생의 요구, 교사

의 필요에 따라 각 교과목의 학년군별 목표 달성을 위한 지도 내용의 순서와 비중, 방법 등을 조정하여 운영할 수 있다.

〈2015 개정 교육과정 총론 해설서〉 중에서

총론 해설서에 명시되어 있는 것처럼 현재 학교 교육과정 편성·운영에 있어 자율성의 범위는 순서와 비중, 방법을 조정하는 수준임을 간접적으로 나타내고 있다. 교육과정과 학생들의 접점에는 교과서가 여전히 강력하게 작동하고 있고 교과서를 웹자료로 옮겨 놓은 수업포털(티나라, 아이스크림 등)이 한동안 점유하기도 했었다. 교사들의 교육과정 재구성 노력에도 불구하고 성취기준은 여전히 교과서에 붙들어 매는 장치가 되고 있다.

국가 교육과정의 공통성과 학교 교육과정의 자율성은 한쪽을 강조하면 다른 한쪽이 위축되는 풍선효과로 생각하는 경향이 있다. 하지만 학교 교육과정의 자율성 강화는 풍선에 새바람을 불어넣어 교육과정 전체가 더 풍성하게 할 수 있다는 인식의 전환이 필요하다. 둘 사이의 조화가 자로 잰 듯 구별하기는 힘들겠지만 최소한 지금까지는 국가 교육과정에 쏠려 있었다는 인식이 확산되어 학교 현장을 중심으로 학교 교육과정의 유연성과 다양성을 보장하라는 요구가 커지고 있는 것이다.

교육과정 생성권

예시로 들었던 '학교 교과목, 자율 교육과정, 학생 생성 교육과정'

은 더 이상 학생들이 주어진 교육과정을 소비하는 대상에서 벗어나고자 하는 시도이다. 단위 학교 내에서 학교와 교사, 학생이 스스로의 교육과정을 만들어 내는 주체로 전환됨을 의미한다. 국가수준 교육과정에서 이러한 권리를 보장하기 위해 어떻게 변해 왔는지 교육과정 편제의 변천 과정을 중심으로 검토해 볼 필요가 있다.

교육과정	편제(시간)
5차	교과, 특별활동
6차	교과, 특별활동, 학교 재량시간(5, 6학년 각 34)
7차	교과, 특별활동, 재량활동(5, 6학년 각 68)
2009년 개정	교과, 창의적 체험활동(5~6학년군 204)
2015년 개정	교과, 창의적 체험활동(5~6학년군 204)

5차 교육과정까지 교과와 특별활동으로 구성되었고 6차에서 분권형 교육과정 취지에 맞게 '학교 재량시간'이 신설되었다. 6차 학교 재량시간을 신설하여 교과 특별활동의 보충, 학교의 독특한 교육적 필요 및 학생의 요구 등에 따른 창의적인 교육 활동을 지역 특성과 학생 실정에 알맞게 운영할 수 있도록 하였다.

7차 교육과정에서는 학교 및 교사에게 교육과정 편성 운영의 자율성을 부여하고, 아울러 학습 활동의 내용에 따라서는 학생에게 선택의 권리를 보장해 주고자 하는 취지에서 재량활동으로 명칭을 변경하였다. 시간도 연간 학년당 34시간에서 68시간으로 늘어났다. 재량활동은 교과 재량활동과 창의적 재량활동으로 구분되었다. 교과 재량활동은 중등 학교의 선택 과목 학습과 국민 공통 기본 교과의 심화 보충 학습을 위한 것이며, 창의적 재량활동은 학교의 독특한 교육적 필요, 학생의 요구 등에 따른 범교과 학습과 자기 주도적 학습을 위해 설정된 것이다.

2009년 개정 교육과정에서는 특별활동과 재량활동을 합쳐 창의적 체험활동으로 변경되었다. 학년군의 도입으로 5~6학년군의 경우 2년에 걸쳐 204시간이 배정되었다.

이상의 변천 과정을 살펴보면 국가수준 교육과정에서 단위 학교의 교육과정 자율화가 가능한 공간을 마련하기 위한 노력을 엿볼 수 있다. 학생의 성장에 꼭 필요하지만 전통적인 교과로는 채울 수 없는 부분이 있기에 특별활동이라는 교과 외 영역을 설정하였고, 5차 개정 시기까지는 교과와 특별활동으로 양분된 형태였다.

1990년대 초반 교육과정 분권화에 대한 요구를 반영하여 학교 재량 시간을 도입하고 1995년 5.31 교육개혁을 거쳐 1997년 7차 교육과정 개정이 이루어졌다. 1990년대는 우리나라 교육과정 역사에서 매우 역동적인 전환이 이뤄진 시기였다. 개인적으로도 90년대 초반 6차 교육과정과 함께 교직생활을 시작하였기에 그 생생한 과정이 기억에 남아 있다. 6차 교육과정에서 국가가 아닌 교육청과 학교의 권한을 인정하기 시작하였고 7차 교육과정에서 '만들어 가는 교육과정'이라는 인식은 매우 중요하고 큰 의미를 지닌다. 어떻게 보면 학교 교육과정 자율화에 대한 기저는 이 시기에 거의 형성되었다고 하겠다.

어떻게 배움의
주인이 되는가

2009년 개정 교육과정 이후로 주당 3시간의 창의적 체험활동을 학교가 자율적으로 편성·운영하도록 편제가 구성되었다. 그렇다면 이 시간이 단위 학교의 실태에 기반하고 학생을 비롯한 구성원의 요구를 반영한 특색 있고 자율적인 교육과정을 만들어 갈 수 있는 장치가 충분히 마련된 것으로 볼 수 있을까? 그럼에도 불구하고 왜 전국의 많은 학교들이 지금도 '학교 교과목, 자율 교육과정, 학생 생성 교육과정'을 주장하고 시도하는 걸까? 필자의 기억과 현장 경험에 기대어 이 질문에 답해 보겠다.

학교 재량시간이 처음 도입된 6차 시기에는 시간 수가 연간 34시간이므로 주당 1시간 정도였다. 이때까지는 학교 교육과정이라는 개념도 없었고 교과서와 교사용 지도서를 따라 진도를 나가는 일이 곧 교육과정의 실행이었다. 학기마다 정해진 봄 소풍, 가을 소풍 등을 제외하면 체험학습의 기회도 드물었다.

교과 수업이 전부이다시피 여겨지는 학교 교육과정이었지만 최소한 필요로 하는 각종 교과 외 시간이 있었다. 입학식, 운동회, 학예회 등의 행사는 학교에서 반드시 이뤄지는 시간이었고, 운동회 같은 행사는 교육과정 진도 배정과는 상관없이 추가로 수업일수를 확보해야 했다. 심지어 입학식 등 행사는 실재로 존재했지만 교육과정의 진도표 시간에는 존재하지 않았던 경우도 있었다.

이러한 시간들이 학교 재량시간이라는 공식적 지위를 가지게 되자 실제로는 있었지만 없던 것처럼 처리되어 오던 시간이 그 자리를 차지하게 되었다. 그러니 사실상 연간 34시간의 학교 재량시간은 새로 도입되었지만 이미 채워져 있던 시간이었다.

당시에 '재량'이라는 말도 '적당히', '맘대로'라는 뉘앙스를 가지고 있었고 학교 재량 시간을 진지하게 고민하기에는 역부족이었다. 정말 소수의 일부 학교를 제외하고는 학교 재량시간을 학교 단위의 교육과정으로 구성해 보려는 시도는 찾아보기 힘들었다.

필자의 초임 학교 풍경을 떠올려도 그 당시에는 생동감 넘치는 학교라는 정책으로 교사와 학생이 함께 퇴근하던 시절이었다. 토요일까지 주당 6일 근무에 전담교사도 없이 주 34시간의 정규 수업과 생동감 넘치는 학교를 위한 상설특활 주당 5시간, 육상지도가 업무였던 나는 아침 시간에 육상부 지도까지 합치면 주당 40시간이 넘는 수업시수에 허덕이던 시절이었다. 교원 연수도 흔하지 않던 시절이라 새로이 도입된 학교 재량시간의 취지를 살리기 위한 배려가 없었다. 근무 여건이라는 조건도 교육과정 리터러시라는 소양도 성숙하지 못했다. 다만, 기형적으로 존재해 왔던 교과도 행사도 아닌 시간들이 정규 교육과정에 공식적인 지위를 부여받았다는 정도에 만족해야 했다.

이후 7차 교육과정에서는 시간 수가 68시간으로 두 배 늘어나고 명칭도 재량활동으로 변경되었다. 그런데 기대와는 달리 교사가 재량껏 사용할 수 있는 시간이 늘어났음에도 불구하고 부담이 증가하는 현상이 발생했다. 재량활동은 기존에 없었던 영역이기에 그 내용을 교사가 창의적으로 채워야 하는데 이 일이 쉽지만은 않았다. 현장에서는 재량활동의 사례와 자료, 연수를 요구하는 목소리가 커졌다. 기존 교과 수업과 행정 업무만 해도 여력이 없는 상황에서 주어진 재량

어떻게 배움의
주인이 되는가

권을 행사할 여력이 없었던 것이다. 더구나 교육과정의 편제 중 교과, 특별활동과의 경계도 애매해서 이러한 어려움이 더 가중되었다. 아무리 좋은 의도와 가치를 지닌 정책이더라도 현장과 같이 가지 않으면 무용지물임을 확인하게 되었다.

2009년 개정에 이르러서는 특별활동과 재량활동을 묶어 창의적 체험활동으로 통합되었다. 학년군이 도입되어 5, 6학년군의 경우 2년 동안 204시간이 배정되었다. 단순히 계산하면 주당 3시간의 시간이므로 교과로 치면 과학, 사회 등과 맞먹는 시수라서 상당히 많은 시간임이 분명하다. 그러나 이 시간이 교사들에게 고스란히 주어지지 못했다.

다음 페이지 표를 보자.

첫째는 각종 법령에 따른 의무 시수가 강요되었다. 표에 등장하지 않았지만 많은 주제의 시수들이 교과에 통합되었지만 창의적 체험활동에 배치될 수밖에 없다 보니 순수한 창의적 체험활동 시간은 그만큼 줄어들게 되었다.

둘째, 창의적 체험활동은 자치, 동아리, 봉사, 진로 네 가지 영역으로 구분되어 있어서 사실상 내용이 제한적일 수밖에 없다. 초기에는 영역별 균형을 맞추기 위해 억지스러운 교육과정을 수립하게 되는 문제가 발생하였고 지금은 1개 영역 이상을 실시할 수 있도록 지침이 개정되었다. 경북교육청의 사례처럼 학급에서 '창의적으로' 운영할 수 있는 시간은 학년당 30시간 내외에 머물렀다.

영역		학년군	1~2학년군		3~4학년군		5~6학년군	
			1	2	3	4	5	6
자율 활동	자치 · 적응 활동	시업식	0	1	1	1	1	1
		〈생략〉						
		졸업식	0	0	0	0	1	1
		안전 교육 / 생활 안전	0	2	0	0	0	0
		안전 교육 / 〈생략〉						
		안전 교육 / 응급 처치	0	1	0	0	0	0
		장애 이해 교육	2	2	2	2	2	2
		〈생략〉						
		생존수영교육	2	2	2	2	2	2
	창의 주제	학교 특색 주제 활동	15	15	16	13	11	11
		학년 특색 주제 활동	14	14	20	20	13	13
동아리 활동 (뮤지컬)			25	25	25	25	25	25
봉사 활동			2	2	2	2	2	2
진로 활동			5	5	5	5	5	5
안전한 생활		생활 안전	10	10				
		〈생략〉						
계			200	136	102	102	102	102
			336		204		204	

[2021 경북교육청 초등학교 교육과정 편성·운영 도움자료 p48]

어떻게 배움의
주인이 되는가

셋째, 국가수준 교육과정 문서상의 세세한 지침이었다. 2015년 개정 교육과정 총론에 따르면 '초등학교 교육과정은 교과(군)과 창의적 체험활동으로 편성한다.'로 명시하고 '창의적 체험활동은 교과와 상호 보완적인 관계 속에서 앎을 적극적으로 실천하면서 심신을 조화롭게 발달시키기 위하여 실시하는 교과 이외의 활동이며, 초등학교의 창의적 체험활동은 공동체 생활에 필요한 기본 생활 습관을 형성하고 개성과 소질을 탐색하고 발전하는 데 중점을 둔다.'라고 명확히 규정하고 있다. 교육과정 편제가 교과와 창의적 체험활동으로 철저히 양분되어 있고 창의적 체험활동에서는 교과를 제외한 활동만 하라는 말은 거꾸로 교과에서도 창의적 체험활동은 하지 말라는 해석이 가능하다.

두 개 영역을 철저하게 구분한 지침은 교과와 창의적 체험활동의 통합과 유연한 운영을 어렵게 하는 결과를 낳았다. 물론 두 영역이 경계가 흐릿하다면 애초에 따로 나눌 필요가 있냐는 논란이 생길 수도 있을 것이다.

하지만 교사라면 누구나 아는 사실이 있다. 학생의 배움은 칼로 자르듯 분절적이지 않고 통합적으로 일어난다는 것이다. 특정 교과에서 그 교과만의 무엇을 가르쳐야 하는 경우는 드물다. 특정 교과에만 한정하면 그만큼 탈맥락적인 지식만 전달하게 될 우려가 크다. 교과간 혹은 교과와 교과 이외의 활동으로 분리하는 칸막이 안에서 창의적으로 학교와 교사의 재량을 발휘하라고 한다면 그만큼 운신의 폭은 줄어들 게 뻔하다. 지나치게 친절한 안내가 현장의 자율성을 묶어둘 수도 있다는 점을 깨달아야 한다. 교사들이 창의적으로 현장에 맞게 꾸려갈 수 있도록 '빈 공간'을 내어주는 것에 대한 진지한 고민이 필요하다.

교사들의 인식과 역량도 이전과는 많이 달라졌다. 교육과정에 대한 관심과 리터러시가 높아졌고, 학습공동체를 꾸려 실천 경험을 자발적으로 나누고 있다. 교육과정을 교육부와 전문가 집단에서 이끌어가야 한다는 생각은 학교에서 학생들의 학습은 교사가 이끌어야 한다는 생각으로 재생산될 뿐이다. 설령 그때는 맞았더라도 지금은 상황이 달라졌다. 만들어 가는 교육과정을 말한 지 20년이 더 지났다. 학생이 변화의 대상이 아니라 변혁의 주체이어야 한다는 국가 교육과정 문서가 선언과 구호에 그쳐서는 안 된다. 교육과정을 생성할 수 있는 권리는 우리 모두의 권리이다.

n개의 교육과정 생성을 허하라

초임 시절 학년 초 풍경이 떠오른다. 새 학년도 첫 주는 한해살이를 위한 여러 가지 계획을 세우느라 분주했다. 그 중에서도 유난히 어려웠던 것으로 기억되는 일은 연간지도계획 짜기였다. 개학에서 여름방학까지 주별로 칸이 나눠진 커다란 종이에 과목별로 지도 내용을 기록하는 일로써 진도짜기로 불렸다.

한 학기의 학급 교육과정을 설계하는 일은 칸을 메우는 진도짜기였다. 학교 규모가 큰 학교에서는 동학년 내에서 학년부장을 중심으로 각 반의 업무가 나눠지는데 학년연구라는 업무를 맡은 사람은 자기 학년의 전체 반 시간표와 연간지도계획을 짜는 일이 담당이었다.

학생들과 1년을 함께할 교육과정은 이렇게 표 안에서 차시별 진도로 기록되었고 더러는 이웃반 선생님의 손에서 탄생되기도 했다. 그런 작업이 빨라도 1, 2주가 소모되었고, 그 시기 동안은 어차피 교과서와 교사용 지도서가 있기에 거기에 맞춰 수업을 진행하는 것은 아무 지장이 없었다. 이후에 이런 작업을 도와주는 프로그램이 보급되었고 지금도 현장에서 사용되고 있다.

아이들과 학부모들에게 교과서 진도가 교육과정 실행과 동의어였고 교과서 진도를 학기 내에 적절히 안배하고 잘 다루는 교사는 성실하다고 인정받았다. 그 시기에는 국가수준 교육과정에서 규정하는 것들이 최대한 매끄럽게 현장에 구현되어야 한다는 사회적 정서가 있었다. 교사들도 이를 당연하다고 여겼기에 별다른 문제 제기가 없었다.

그러나 차츰 효율성을 목적으로 하는 획일적인 교육과정에 대한 반성이 싹트고 사회적으로도 다양성을 존중하고 자율성에 대한 요구가 커졌다. 1990년 후반부터 주로 농촌의 작은 학교에서 교육과정에 교사와 학생의 목소리를 싣는 움직임이 일어났다.

학교의 교육과정은 그 학교의 여건과 구성원의 철학에 크게 좌우된다. 교육과정을 재구성하는 일은 학교의 문화와 시스템을 변화시키는 일과 같다. 따라서 교육과정의 혁신은 구성원들의 자발성과 지속성을 담보할 수 있어야 가능한 영역이다. 지난한 협의와 무수한 시행착오를 거쳐야 하기에 많은 학교에서 일어나기 힘든 운동이었다. 하지만 현장에서 오랜 역사를 겪으며 일궈 온 성과를 기관에서는 일반화라는 명분으로 문서화하려 든다.

여기서 현장의 순수한 운동은 업무로 변질된다. 소수의 학교에서 실험적인 교육과정이 자생력을 가지고 선한 영향력을 발휘해 다른 학교는 그 나름의 운동을 가지도록 기다려야 했다.

학교 현장은 생각보다 강고하다. 변화란 언제나 일어나고 있다는 것이 세상의 진리이지만 단순히 명분과 구호로는 일어나지 않는다. 앨빈 토플러(Alvin Toffler)의 말처럼 학교는 변화의 민감성과 속도가 법령 다음에 위치할 정도로 경직되어 있다. 한쪽이 들린 시소가 반대쪽과 상하 위치가 바뀌는 것은 점증적으로 진행되는 것이 아니라 양쪽의 균등이 깨지는 한순간에 일어난다. 학교의 변화도 이와 비슷하다는 게 내 생각이다.

교사가 교육과정을 교과서를 넘어 다채롭게 구성해야 한다는 당위성은 공감하고 있으나 실천은 그에 미치지 못하는 실정이다. 시소를 뒤집기에는 아직도 부족하다. 구호가 운동(movement)이 되려면 많은 교사들이 실질적인 경험에서 그 효용성을 자각할 수 있어야 지속성을 유지할 수 있고 새로운 진입이 늘어난다. 마케팅에 비유하자면 사용자 경험이 입소문을 통해 충성고객층을 형성하고 그들의 의견이 제품의 개선으로 이어지는 선순환이 일어나야 하는데, 이 과정이 원활치 못하면 소수의 매니아층만 남는 현상이 생긴다.

교육과정 재구성이 학교 현장의 변화를 일으키는 문턱에서 계속하여 미끄러지는 원인이 있다. 인간은 자신이 어떤 식이든 접하지 않은 일에 대해 사유하지 못한다. 상상도 기존 지식의 결합이나 변형에 의존하므로 순수한 상상은 없다. 교사는 어릴 때부터 진도나가기 식의 수업에 너무나 익숙해져 있고 교사를 양성하는 대학조차 제대로 된 교육과정 만들기에 대한 철학이나 경험을 가지지 못했다.

그런 상황에서 재구성을 시도하면 대부분 특정 주제에 관련된 교과의 내용들을 모은다거나 특정 시기를 조절하거나 행사와 연계하여 흩어 모으기가 대부분이다. 이를테면 동물이 중심이면 동물에 대해 글을 쓰고, 동물 그림을 그리고, 동물 노래를 부르고, 동물 춤을 추는 등의 이벤트성 재구성이다.

이런 형태로 몇 차례 경험하고 나면, 소재가 비슷비슷해지고 교사도 아이도 흥미를 잃게 되어 굳이 이렇게 해야만 얻을 수 있는 교육적 효과도 자신할 수 없으니, 계속해서 진행할 동력이 생기지 않는다.

그렇다고 타임머신을 타고 돌아가 갖지 못했던 경험을 끼워 넣을 수도 없는 일이다. 어떻게 해야 할까? 현실적인 대안은 지금의 교사와 아이들의 삶과 교육과정이 연결될 수 있는 맥락을 마련하는 일이다. 국가수준 교육과정은 문서이다. 문서가 학생들의 수준에서 실현될 때 비로소 생명을 갖게 된다. 진짜 교육과정이 생성하는 지점이다.

그런데 문서와 학생의 만남은 그 자체로 개별적이다. 리처드 로티 (Richard Rorty)는 '한 사람의 생은 한 편의 시와 같다'고 했다. 획일적으로 규정할 수 없는 개별적 삶을 확장하고 깊어지게 하는 일이 교육이다. 이 일에 단 하나의 경로만 있을 리 없다.

교육과정과 아이들이 삶이 만나는 지점은 n개가 발생한다. 동일한 교육과정으로는 개개의 삶을 아우르지 못한다. 주제를 중심으로 한 재구성이든, 문제가 중심이든, 현상이 중심이든 궁극적으로 의미망이 구성되는 지점은 학습자의 내부이다. 국가수준 교육과정이 학습자의 내부로 이어지는 것이 재구성의 핵심이다. n명의 학습자에게는 n개의 교육과정이 생성되어야 한다. 더불어 재구성이 학생마다의 교육과정으로 생성하기 위해서는 교사와 학생의 역할에 대해서도 고민이 필요하다.

운전을 배우는 방법에 비유해 보자. 가르치는 사람이 조수석에 앉아 하나하나 지시하는 방법이 있다. 가르치는 이와 배우는 이의 물리적 거리는 가깝지만 타인의 판단에 기대어 자신의 근육이 움직이는 꼴이니 온전한 운전과는 거리가 멀다. 어차피 운전은 홀로서기이므로 혼자서 판단과 행위를 하는 과정을 겪어야만 한다.

두 번째는 가르치는 이가 앞에서 차를 운전하고 배우는 이에게 혼자 뒤에서 운전하여 따라오라고 할 수 있다. 뒷사람은 오로지 전방만 주시한 채 많은 걸 앞선 운전자에게 의지하게 된다. 그러다가 신호등에 아슬아슬하게 걸리면 앞 차를 놓쳐서 당황하든지 앞차를 무리하게 뒤따르다 위험한 지경에 이르기도 한다. 혼자서 조작을 하지만 방향과 속도는 자신의 의지와 무관하다.

세 번째, 배우는 이가 앞에서 혼자 차를 운전해서 가게 하고 가르치는 이는 뒤를 따라가는 방법이 있다. 앞차의 운전을 배우는 이는 오로지 자신의 판단과 결정으로 경로를 개척해야 한다. 다만 뒤에서 빵빵거리거나 추월하려는 차들의 위험은 뒤에 가는 차가 막아준다. 네

어떻게 배움의
주인이 되는가

번째, 방법이 하나 더 있긴 하다. 혼자서 어떻게 하든 말든 차 열쇠를 던져주고 알아서 익히라고 하는 방법이다.

초보 운전자를 학생이라 생각하면 여러분은 어떤 학습을 선호하는가? 나는 초보 운전자가 스스로 방향과 속도를 결정해서 길을 개척해 나가게 하고, 뒤에서 심리적 안정을 제공하면서 돌발적 위험을 막아주는 역할이 좋다. 모든 걸 가르치는 이가 판단하거나, 가르치는 이를 따라오게 하거나, 혼자서 어떻게 하든 말든 내버려 두는 것은 운전자를 제대로 성장시키기 어렵다.

혼자의 힘으로 문제를 설정하고 해결하려는 학습자의 노력과 그 과정을 지원하고 촉진해 주는 교사의 역할이 조화로울 때 성장이 일어난다. 네비게이션으로 길을 찾아갔다고 해서 다음 번에 네비게이션 없이 그 길을 다시 찾아가긴 쉽지 않다. 더디더라도 스스로 찾아서 간 길은 다음에 더 수월하게 찾아갈 수 있다. 또한 길을 찾는 방법을 익히게 되어 새로운 길도 더이상 두렵지 않다. 자신이 설정하고 판단하고 탐색해 가는 길은 학습에 시사하는 바가 크다.

학습에서의 자기 주도성은 그 전이 효과가 크다. 운전을 익힘으로써 자동차가 자신의 신체가 되고 자신의 자아를 자동차까지 확장시켜 자신이 그만큼 더 풍성해진다. 이 또한 생성이다.

교사의 든든한 지지로 학생이 개별적인 경로를 스스로 만들어 가자면 교육과정에 여백이 필요하다. 목적지를 제시하고 차량을 지정해 두고 가는 방법과 시간별 경유지를 세세하게 규정해 놓은 상태에서는 불가능한 일이다. '자동차를 이용해 원하는 목적지까지 안전하게 가

보자' 정도로만 제시하면 좋을 일이다. 교육과정의 대강화란 이런 것이 아닐까? 거기서 한걸음 더 나아간다면 아예 지도조차 없는 텅 빈 대지를 탐험해 보는 일도 상상할 수 있을 것이다.

변화와 회귀라는 상반된 힘

140여 년 근대학교의 가장 큰 문제점으로 거론되어 온 것은 단연코 입시였다. 입시가 초래하는 경쟁 위주의 암기식 교육을 개선하는 것이 학교교육의 가장 큰 숙제였다. 다행히 안으로는 수업에 대한 성찰과 바깥으로는 학생의 삶에 대한 인식이 성숙해져 다양한 변화가 이어지고 있다.

모든 운동에는 변화와 회귀라는 상반된 힘이 작용한다. 가르침에서 배움으로, 주입에서 탐구로, 지식에서 경험으로 중심이 옮겨 가고 있지만 그 반대로 작용하는 힘도 여전히 막강하다. 그러한 기저에는 몇 가지 의견이 자리하고 있는데, 그 중 하나는 사실적 지식이 가장 중요하다는 주장이다. 새로운 지식은 기존의 지식에 기대어 습득할 수 있으며 배경지식이 풍부해야 창의성도 가능하다는 논리이다. 자기주도적 학습이나 역량교육은 사실적 지식을 소홀히 한다는 이유로 비판적인 태도를 취한다.

그러나 자기주도적 학습이나 역량교육 그 어디에서도 지식을 결코 소홀히 한다고 말하지 않는다. 지식은 여전히 중요하고 지식의 양

어떻게 배움의
주인이 되는가

이 풍부할수록 좋다는 데 동의한다. 다만 공식을 알고 있는 것과 문제를 푸는 것은 다르듯 얼마나 많은 지식을 소유할 것인지가 아닌 어떻게 지식을 자기화하여 활용할 수 있나에 관심을 둔다.

'직관'이라는 개념을 예로 들어 보겠다. 지식을 강조하는 입장에서는 배경지식이 탄탄하면 낯선 사물을 접하더라도 새로운 개념으로 쉽게 받아들이는 직관이 작동한다고 볼 것이다. 일견 맞는 말이기에 이 의견에 동의한다. 그러나 난 여기서 조금 더 깊이 들여다 보기를 권하고 싶다. 어떤 새로운 개념을 받아들이는 것은 그 개념들을 구성하는 여러 가지 요소와 그들간의 관계를 파악하는 일이다.

우리가 무엇을 인지한다는 것은 그것을 구성하고 있는 각 요소를 거의 무한에 가까운 속도로 주파하여 그들 사이의 연결을 하나의 특징으로 통합하는 작업이 감추어져 있는 것이다. 찰나에 이루어지는 일이기에 직관이라 부르지만, 여기에 필요한 무한속도로 주파하는 힘이 없다면 불가한 일이다. 이 힘은 단순히 지식을 축적하는 것과는 분명 다른 차원에서 발생하므로 교육은 이 부분을 놓치지 말아야 한다고 생각한다.

알고리즘과 맥락의 사이

디지털 기술이 돌이킬 수 없는 변화를 가져오고 있어 상상조차 하지 못한 세상이 도래할 것이란 예측이 점점 농후해진다. 4차산업혁명이 처음 회자되었을 때 호들갑 떤다는 시선도 있었지만, 디지털 기술은 하루가 다르게 세상을 변화시켜 가고 있다. 경계가 사라지는 현상도 그 특징 중 하나이다.

공유경제의 대표적인 사례인 에어비앤비(www.airbnb.co.kr)의 경쟁업체는 호텔이 아니라 금융이라고 한다. 은퇴한 노인들은 수입이 줄어들게 되므로 집을 담보로 대출을 하고 나중에는 결국 집을 금융회사에 넘기게 되는데, 이제는 빈방을 임대하여 수익을 얻게 되었으니 호텔뿐 아니라 금융회사와의 관계도 재편성되는 현상이 발생하는 것이다.

이처럼 경계가 사라지는 일 중에 번역이 있다. 번역은 관련 언어를 오랜 연구와 학습을 통하여 해득할 수 있는 것이었고, 이런 과정을 거친 사람들이 전문 번역이나 동시통역, 어학 연구를 담당해 왔으며 전문성을 인정받아 왔다. 하지만 지금은 빅데이터를 기반으로 한 알고리즘이 언어를 번역하고 있다. 더구나 초기에는 어휘에 집중하여 의미를 매칭시키는 방법을 사용하였지만 번역 결과가 자연스럽지 못해 만족도가 낮았다. 이제는 엄청난 빅데이터를 기반으로 상황과 조건에 따른 문장을 통계적인 분석을 통해 활용함으로써 훨씬 자연스러운 번역이 가능해졌다.

실제적 상황에서의 대화는 그 속에 맥락을 함께 담고 있고, 이러한 예제가 엄청난 수준의 데이터로 모여 있기에 가능한 일이다. 언어학자의 경쟁자가 또 다른 언어학자가 아니라 알고리즘을 다루는 통계학자가 되었고, 그 바탕에는 맥락이라는 요소가 자리하고 있다는 점은 시사하는 바가 크다.

우리가 학교에서 영어를 배우던 기억을 떠올려 보자. 자음, 모음을 익히고 단어를 외우고 문장을 익혔다. 관용구를 외우고 문법을 배웠다. 물론 파닉스나 회화를 중심으로 공부하는 시기도 있었지만 언어를 잘게 분석하여 나누고 단계를 설정하여 가르치면 언어를 전체적으로 이해할 수 있다는 환원주의적 사고를 기본으로 전제하고 있었다. 하지만 통계학자들이 만든 알고리즘이 시사하는 것처럼 언어교육에서도 우리가 전혀 생각지 못한 부분이 있을지도 모른다.

유럽을 여행하다 보면 모국어가 영어가 아니라도 초·중학교 정도의 언어교육을 통해서 일상적인 의사소통에는 전혀 무리가 없이 잘 사용하는 모습을 보게 된다. 그게 단순히 어순이 같다거나 글자의 어원이 비슷하다는 등의 문제는 아니고 실제 생활에서 영어를 사용하는 경험이 흔하기 때문이다.

우리나라에서도 영어에 노출이 많이 될 수 있는 환경을 조성하라는 요구가 있는데 그게 영어실을 만들고 영어마을에 며칠 입소하는 것으로는 해결되리라 생각하지 않는다. 동남아를 여행할 때 한국어를 배우지 않는 시장의 상인들도 '이거 사세요, 싸요.'를 능숙히 말하고, 동대문 시장의 상인들이 외국인에게 의사소통을 하며 물건을 팔 수 있는 것은 그들의 삶과 밀접하게 연결되어 있기 때문이다.

언어교육에서 어휘를 풍부히 하고 문법적 지식을 갖추는 일은 중요하다. 그에 못지않게 언어가 기능할 수 있는 환경인 맥락도 중요하다. 성인이 된 우리도 의사소통에 실패하는 많은 경우는 단어를 몰라서가 아니라 맥락을 이해하지 못해서 비롯된다는 점을 잊지 말아야 한다.

살아남은 것이 강한 것

'전국노래자랑', 참으로 대단한 프로그램이다. 40년의 역사를 지닌 불세출의 프로그램인데 지금은 코로나를 이기지 못하고 재방송만 송출하고 있다. 생음악 연주에 맞춰 노래를 부르는 프로그램이므로 반주를 담당하는 악단이 있다. 지금은 없어진 풍경이지만 전국노래자랑은 두 종류의 악단이 늘 무대 위에 있었다. 기타, 드럼, 건반 등으로 이뤄진 악단이 하나이고, 반대편에는 한복을 차려입고 앉아서 장구와 대금, 아쟁 등을 연주하는 국악 악단이 다른 하나였다.

전국노래자랑에 출연한 사람 중 서넛은 반드시 노랫가락이나 청춘가를 전통 민요처럼 불렀었다. 관객 중에는 연세 지긋한 분들이 장단에 맞춰 어깨춤을 덩실대던 풍경도 사라져버렸다. 그 시절 노랫가락을 부르던 세대는 역사 속에 묻혔다.

최근 트로트 열풍이 있기 전까지 트로트도 마찬가지였다. 노랫가락의 뒤를 잇고 있었다. 트로트 감성에 점령당해 있던 세대들이 저물어 가고, 전국노래자랑의 주요 무대는 이제 다음 세대들의 락, 발라드, 댄스, 힙합 등의 순서대로 자리를 내어주고 있었다.

어릴 때 좋아하거나 싫어하던 음악이나 음식이 나이가 들면서 약간씩은 변해 간다. 그렇지만 주된 취향과 식성까지 변하지는 않는다. 어릴 때 민요를 듣고 자란 세대는 노인이 되어서도 민요를 좋아하고 트로트나 락도 마찬가지이다. 음식도 어릴 때 잔치국수에 길들여진 세대는 나이가 들어서도 그 식성을 간직한다. 파스타를 먹고 자란 세대는 나이가 들어서도 파스타를 찾는다. 무엇이 이런 현상을 낳게 만들까?

　사람은 특정 나이대에서 익힌 감성이 평생을 지배하는 경향이 분명 존재한다. 음악도 그렇고 음식도 그렇고 옷도 그렇다. 이 모든 것들이 공통적으로 특정한 나이대에 영향을 받는 것인지, 종류에 따라 조금씩 다른 것인지는 확실하지 않지만 사람의 일생에서 적극적으로 받아들이고 체화되는 특정 시기가 있다는 확신이 든다.

　만약 이러한 일에 대한 정확한 정보를 가지게 된다면 교육에서도 큰 인사이트를 얻을 수 있을 것이다. 실제로 모국어 습득 시기에 관한 연구는 뇌과학의 발달에 힘입어 상당한 수준으로 진척되어 만 4세에서 12세까지가 중요한 시기임이 인정되고 있다. 그 시기를 놓치면 모국어나 외국어를 습득하기 위해서는 몇 곱절의 노력이 필요하고 설령 노력하더라도 성과는 크지 않다.

　사람은 주위 상황의 변화에 적응하기 위한 능력이 유전적으로 진화해 왔다. 주위 사람들과 맞춰 살기 위해 어느 정도의 공통된 감성과 정서를 형성하는 것도 그 중 하나이다. 주로 또래끼리 어울리는 시간이 많고 요즘은 학교라는 제도에 의해 같은 나이의 아이들만 수십 명씩 같은 공간에서 생활하므로 이런 경향은 더욱 강하게 자극받는다. 주위 아이들이 좋아하는 노래, 게임, 음식, 옷이 좋아하는 일은 진화적 관점에서도 타당하다.

　그러니 자연스럽게 자신의 생활을 둘러싸고 있는 환경에 동화시키기 위한 전략을 자의 반 타의 반으로 택하게 된다. 학교에서는 학년이라는 또래와 직장에서는 동기나 비슷한 연령대의 동료, 가정에서는 부부 역시 거의 비슷한 또래와의 상호작용이 일어나게 되니 평생 유년기의 감성과 정서가 유지되어 갈 수밖에 없다. 특정 시기를 공유하면 취향도 공유하는 것이다. 사람은 외부 자극에 대한 감수성이 특정 시기에 활성화되고 그 시기를 넘기면 점점 무뎌져서 고착화된다. 특정 시기를 같이 보낸 세대가 비슷한 취향을 가지고 세대별로 취향의 내용은 달라지는 이유는 여기에 있다.

그러나 세대나 집단이 완전히 단절된 사회는 드물고 다양한 세대와 집단이 교류하며 살아간다. 이런 환경에서는 주류적 정서는 가지되 여타의 정서와도 언제든 감응할 수 있는 여지가 숨어 있다. 최근의 트로트 붐처럼 남녀노소를 불문하고 모두가 빠져드는 상황, 2002년 월드컵처럼 온 국민이 "대~한민국"을 외치는 상황에서 모두의 지각과 정서가 공진하는 경험을 한다. 주류적 정서와 타자적 정서가 상호작용을 하면 여기에서 새롭고 이질적 정서들도 발현되기 마련이다.

배움에는 특정 시기 못지않게 지속적 상호작용이라는 중요한 변수가 있다. 마치 행복은 강도가 아니라 빈도가 중요하듯 배움도 자신의 삶에 얼마나 자주 그리고 오래 접속되어 있는지 여부가 중요하다. 어릴 때 여러 나라 언어를 사용하던 영재나 이중언어를 자유롭게 구사하던 아이들도 지속적으로 사용할 수 있는 환경이 아니면 아주 깨끗하게 잊어버린다. 그 밖에도 정서와 감응, 소통, 상호작용 등 우리가 여지껏 규명하지 못한 변수들이 있다.

우리는 '강하게 키워야 잘 산다. 이것저것 배워두면 써먹을 데가 있다. 지식을 많이 쌓아두면 유용하다.' 이런 말을 들으며 자랐다. 감

어떻게 배움의
주인이 되는가

수성이 열린 특정시기에도, 가소성이 최고치인 10대에도 다양한 논리와 자극에 접속할 기회가 없었다.

오늘의 공부가 내일에 어떻게 사용될지는 아무도 모른다. 오늘은 지속적으로 과거로 편입되고 내일은 끝끝내 오지 않는다. 살아남기 위한 공부는 지금 그리고 나에게 의미가 있어야 한다. 무슨 공부를 어떻게 할 것인지에 대한 답변은 여기에서 출발해야 한다. 강한 것이 살아남는 것이 아니라 살아남는 것이 강한 것이기 때문이다.

기초학력의 계보학

3R's(reading, writing, arithmatic)은 1825년 윌리엄 커티스(William H.Curtis)의 영국 의회 연설에서 유래한다. 200년 시간이 흐른 지금, 갈수록 급속하고 복잡한 변화 속에서 기초학력은 재개념화 요구가 커지고 여러 가지 연구들이 진행되고 있다. 하지만 아직 초등학교에서 읽고 쓰고 셈하기는 기초학력의 막강한 지위를 유지하고 있다. 기초학력의 정의에 따라 교육과정이 바뀌고 교수·학습과 평가가 변화된다. 이처럼 기초학력은 학생들의 배움의 우선순위와 방법에 이어 학생들의 삶까지 규정짓는다.

읽고 쓰고 셈하기가 중요하지 않다는 것은 아니다. 3R's의 중요함을 기초학력으로 규정하면서 여러 가지 문제가 발생한다는 점을 간과하지 말아야 한다. 기초학력이라는 개념이 성립하기 위해서는 학력에는 기초와 그 이후가 구분되고 단계가 있다는 사실을 전제해야 한다. 만약에 학생들이 학력을 키워 가는 과정이 일정한 단계를 밟아 가는 선형적인 학습이 아니라 사람마다 다르게 나타나는 난수표와 같다면 어느 것이 기초이고 아닌지가 구별할 수 없기 때문이다. 기초학력이라는 개념의 출발점과 파급되는 양상을 되짚어 볼 필요가 있다.

기초가 붙잡은 아이들

학교에서 읽고 쓰고 셈하기는 기초학력의 잣대로 위상을 누리고 있다. 읽고 쓸 수 있어야 하며 간단한 셈을 할 수 있어야 이후의 학습이 가능하다는 말이다. 읽고 쓰기를 문식성으로 셈하기를 수리력으로 보았다. 교육부의 문서에 따르면, 기초와 기본학력으로 구분하고 기초학력은 '학교 교육과정을 통하여 갖춰야 하는 읽기·쓰기·셈하기와 이와 관련된 교과의 최소 성취기준을 충족하는 학력'으로, 기본학력은 최소 교과별 학년별 성취기준의 '하' 달성을 목표로 제시하고 있다.

초등학교 시절 '나머지' 공부가 있었다. 지금으로 치면 개별 보충학습으로 볼 수 있는 것으로 정규 일과가 끝나고 담임선생님과 함께 남아서 공부한다고 해서 '나머지'라고 불렸다. 나머지는 개별보충학습이라는 의미보다 공부를 못하는 아이들의 벌칙처럼 여겨졌다. 담임선생님의 '오늘 나머지 하고 가라'는 말은 두려움의 대상이었고, 가끔 숙제를 하지 않아 남게 된 경우를 제외하고는 나머지를 하는 대상은 고정적이었다. 대상이 된 아이들은 어쩔 수 없이 낙오자라는 인식을 받아들여야 했다. 나머지 시간에 익히는 내용은 읽고, 쓰고, 셈하기가 주를 이루었다.

사람마다 성장 속도가 다르듯 배우는 속도도 다르다. 특정 시점에서 학습이 또래 아이들에 비해 상대적으로 낮은 아이들은 부진아로 분류해 왔다. 부진아란 말이 가지고 있는 부정적 의미를 교육적인 용어로 '학습이 느린 아이'로 부르기도 한다. 학교가 학년제로 운영되고 학년은 나이를 기준으로 삼으므로 아이들은 일정 나이가 되면 해당 학년에서 요구하는 적정 수준의 학력을 갖추어야만 한다. 그렇지 못하면 문제가 있는 아이로 분류될 위험에 처한다.

초등 저학년이 읽고 쓰고 셈하는 능력의 골든타임이므로 이 시기를 놓치면, 학습 결손과 격차가 더욱 커지는 매튜효과(Matthew effect)가 발생한다고 한다. 따라서 이 시기의 아이들은 읽고 쓰고 셈하기가 느리면 더 많은 시간을 투자해서 어떻게든 일정 수준으로 끌어올려야 한다고 말한다.

하지만 피터 드러커(Peter F. Drucker)가 '자신이 못하는 일을 평균 수준으로 향상시키는 것보다 자신이 잘하는 일을 탁월한 수준으로 향상시키는 것이 더 쉽다.'고 한 말의 의미도 되새겨 볼 필요가 있다. 학습이 느린 아이들이 또래 아이들과 비슷한 학력을 갖추기 위해 투자하는 시간과 노력을 이들이 잘할 수 있는 영역에 투자한다면 과연 어느 것이 아이들을 위하는 길일까 하는 고민이 든다.

기초학력의 속도와 영역

3R's는 인지적인 지식에 기반하고 있다. 문자, 글 등 텍스트를 기

반으로 이루어지는 학습이 지금도 학교교육의 대부분을 차지한다. 국어, 수학은 다른 교과를 학습하는데 필수적이라 '도구 교과'로 불리기도 한다. 학교의 평가도 대부분 텍스트에 기반하고 있고 대학 입시 또한 시험지를 통해서 진행되므로 이러한 시스템에서는 3R's가 절대적인 영향력을 가지는 것은 당연한 귀결이다.

필자가 어릴 때는 경필쓰기가 매우 중요했다. 쓰기를 통한 의사소통을 위해 중요시되었던 글씨는 이후 디지털 디바이스가 등장하면서 웬만한 외국어 텍스트는 자동으로 번역을 해주고 읽어 주는 시대가 되었다. 대부분의 정보와 지식을 제공해 주던 책의 역할을 그림, 음악, 영상까지 포함된 미디어가 대신하고 있다. 세상과 소통하는 인터페이스가 변하고 있는 시대에서 여전히 3R's에 머물러 있는 것은 왠지하지 않을 수 없다.

세상에 복잡성이 더해지면서 유일한 진리는 드물고 타당한 논리가 복수가 되어 이제 진리는 옳고 그름의 문제가 아니라 취향의 문제가 되어 가고 있다. 이처럼 배움에 있어서도 읽고, 쓰고, 셈하기가 차지하고 있는 당연한 지위도 검토할 필요가 있겠다.

또래 아이들과의 학습 속도의 차이를 메꾸기 위해 계속해서 시간과 노력을 들이면 효과는 나타난다. 하지만 이 일에는 고도의 전문성이 필요하다. 단순한 기능의 반복적인 훈련(drill)은 아이에게 힘든 노동일 뿐 학습효과는 미미하다. 아이가 어려워하는 부분이 뭔지, 필요한 조력은 뭔지, 난독증과 같이 치료의 대상인지를 판단하는 일은 전문적인 영역에 속한다.

사실 자격증을 소지하고 임용고시를 합격한 교사라고 해서 모두가 기초 문식성, 수리력을 지도할 수 있는 역량을 가지고 있지 않다. 잘하는 사람과 잘 가르치는 사람의 차이는 물과 술의 그것보다 크다. 특수교육의 경우처럼 개별적이고 추가적인 프로그램이 반드시 필요하다면 거기에 걸맞는 역량을 갖춘 교사 또한 반드시 필요하다.

따라서 초등학교 1, 2학년은 전담교사제와 같이 기초적인 학습능력 지도에 관한 전문성을 갖춘 교사를 양성하고 우선 배치하는 제도적 지원도 고려해야 한다. 의사의 경우에도 잘게 나눠진 진료과목에 대해 깊이 있게 연구하고 임상경험을 쌓아가면서 타 진료과목과의 협진을 통해 전문성을 고도화한다. 초등교사의 경우 만 6세에서 11세까지 10여 개의 교과목을 30명의 아이들이 모인 교실에서 개별 아이들의 학습 속도와 특성까지 보살피는 일은 무리다.

학교는 기초학력이 부진한 아이들을 돕기 위해 별도의 시간을 확보하거나 추가 프로그램을 투입한다. 아이들의 학습권을 보장하는 공교육의 책무를 다하기 위한 당연한 조치일 것이다. 하지만 별도의 과정에 참여하기 위해 그만큼의 시간을 다른 학습이나 놀이에서 제외될 수밖에 없으니 기회비용의 손실이 뒤따른다. 기초학력을 강화하기 위한 방법이 특정 학습에 묶어두는 것으로 끝난다면 배려가 아니라 폭력일 수도 있다는 생각이 든다. 학교교육이 안고 있는 구조적인 난점의 하나이다.

배움은 반드시 거쳐야 할 단계가 있을까?

우리는 단계를 거쳐야 하는 일에 익숙해져 있다. 단계를 거치지 않으면 부당하다고 여긴다. 마치 기지도 못하는 게 날려고 한다며 말이다. 모든 일이든 차근차근 순서를 거쳐야 할 과정이 있고 이를 지키는 것을 당연하게 생각하고 있다. 회사에서의 승진, 학교에서의 학년 진급, 군대에서의 진급에서 보듯이 한 사람도 예외 없이 똑같은 단계를 거치고 있다. 그 단계를 건너뛰는 것은 상상도 하기 힘들 뿐더러 그런 일이 벌어지면 특혜나 부조리로 인식한다.

배움에서도 마찬가지다. 1학년에서는 한글을 익히고, 2학년에서는 구구단을 외우고, 3학년에서는 체육 수업을 하는 것에 별다른 이의를 제기하지 않는다. 너무나 오랜 세월을 그렇게 살아왔고 주위의 사람들이 다 그렇게 하고 있기에 여기에 대한 근본적인 질문을 가지기 쉽지 않다.

자기의 단계를 거부하고자 하는 사람들은 공교육의 바깥에서 자신만의 진도를 가지는 경우는 거의 선행학습이다. 반대의 경우 공교육 내에서 자신만의 진도를 가지게 되는 일은 소위 부진아를 위한 보충학습이다. 이처럼 표준화된 단계를 벗어난 경우는 무엇이든 정상이 아닌 영역으로 인식된다.

아기가 걷게 되기까지 일반적으로 '고개들기-뒤집기-배밀이-무릎으로 기기-잡고 서기-걷기'의 과정을 거친다고들 알고 있다. 하지만 실제 사례를 분석한 연구[15]를 보면, 이런 표준적인 과정을 거치는 경우는 드물다고 한다. 우리는 아기가 태어나서 걷기까지 표준이라고 불리는 과정(기고 일어서고 걷는다)을 거치지 않는다고 해서 이를 걱정하거나 문제로 삼지는 않는다.

하지만 학교에서는 다르다. 학교는 해를 거듭할수록 교과에서 내용과 수준의 단계가 촘촘해지고 있다. 단계와 수준의 세분화가 관련 학문의 집적과 비례하기라도 하듯 거쳐야 할 절차를 제시하고 있다. 펼쳐진 스펙트럼을 비껴가는 아이들에게 학교는 관대하지 못하다. 학습에 문제가 있는 것으로 판단한다. 학습 부진이든, 느리게 배우는 아이이든, 학습 장애이든 놓친 단계로 위치시킨다. 특정 단계를 놓친 아이들은 다음 단계를 제대로 수행하기 어려우므로 놓친 단계를 숙달시키기 위한 프로그램이 가동된다. 거치지 않은 단계로 무한히 되돌려 세우는 근거는 기초학력이다.

기초학력, 기초가 되어 있지 않으면 다음 단계를 진행하지 못하기에 꼭 습득해야 할 학력이다. 대표적인 3R's은 읽고 쓰고 셈하지 못하면 학습을 진행할 수 없다는 논리 위에 지금도 전국의 모든 학교에서는 기초학력 진단 검사가 이뤄지고 통과하지 못한 아이들에게 보충 프로그램이 강요되고 있다.

기초학력이 부진하다고 판별된 아이들은 학습내용을 익히기 위해 더 많은 시간과 더 잘게 나눠진 자료와 단계를 제공한다. 아이들이 매일매일 풀어야 하는 단계별 가정 방문 학습지가 데자뷰처럼 떠오르지 않는가?

---

15) 토드 로즈(2018). 평균의 종말. 21세기 북스. p185

가정 방문형 학습지는 수학에서 그 특징이 잘 드러나는데 학습의 단계를 매우 조밀하게 나누고, 이를 많은 시간 반복하는 연습을 통해 하루하루 조금씩 단계를 높여가는 시스템이다. 아무리 이해가 늦거나 어려워하더라도 아주 작은 수준의 차이는 습득하기 쉽다는 논리가 바탕이 되어 있을 것이다. 만일 이게 진실이라면 학습지를 이용하는 아이들의 학습은 모두 성공적이어야 할 텐데 그렇게 보기는 어려운 것 같다.

이유가 뭘까? 어릴 때 보았던 만화가 떠오른다. 높이뛰기 선수가 꿈인 친구가 옥수수를 심어 놓고 어린 싹이 나올 때부터 매일 매일 뛰어넘는 연습을 하는 전략을 세웠다. 옥수수는 하루에 1~2cm 자랄 것이고, 그 정도야 매일 연습을 하면 얼마든지 뛰어넘을 수 있다는 생각이었다. 그러던 어느 날 옥수수가 2m가 훌쩍 넘게 자라면 자신의 기록도 이를 훌쩍 넘길 것이라는 논리이다.

하지만 우리는 이 일이 성공하기 어렵다는 걸 안다. 마치 앞지를 수 없는 달리기인 제논의 역설(Zenon's paradoxes)처럼 시간이라는 개념을 삭제해 버린 착오이다. 수준을 잘게 나눈 단계는 성장이라는 시간적 개념을 무시하고 단계라는 공간적 측면만 생각한 오류임을 인정해야 한다.

단계를 거쳐야 한다는 사실은 3R's-사실적 지식-고등사고력의 도식을 제공한다. 읽고 쓰고 셈하기가 가능해야 배경지식을 늘릴 수 있고 배경지식이 풍부해야 고차원적 사고가 가능하다는 논리이다. 일부는 맞고 일부는 틀리다. 기초학력이 있으면 의미를 구성하는 깊이 있는 고차원적 사고에 당연히 도움이 된다. 마찬가지로 고차원적 사고를 발휘하는 과정에서 기초학력이 더 튼튼해질 필요성을 느끼고 동기를 부여할 수도 있다. 또한 고차원적 사고력이라 불리는 비판적 사고력, 창의력 등도 발달성이 있다는 게 널리 알려진 사실이다.

문득 떠오르는 기억이 있다. 교생 실습을 나온 교대생들과 학교 운동회를 준비하고 있을 때였다. 두 명의 교생 선생님이 운동회 준비물을 실은 손수레를 앞뒤에서 끌고 밀면서 이동을 하던 중이었다. 운동장 보도블럭을 이동해야 했는데 그 사이에 계단처럼 높이 차이가 있었다. 수레의 두 바퀴가 보도블럭의 턱에 걸려 아무리 밀어 올리려고 해도 꼼짝을 하지 않았다. 그 순간 아이 하나가 달려 왔다. 그리고는 수레를 보도블럭 턱에 비스듬히 향하게 하고 한쪽 바퀴부터 높은 쪽으로 올리고 이어서 나머지 바퀴 하나를 마저 올려 놓았다. 교생들은 머쓱해 했고 아이는 아무렇지 않은 듯 손을 털고는 쿨하게 가 버렸다.

교생들은 무게의 분산이나 빗면의 원리를 이론적으로 모르진 않았을 것이다. 반대로 아이가 그런 원리를 알고 있었다는 보장도 없다. 하지만 지식의 소유 여부가 문제해결로 바로 이어지지 못했고, 지식이 힘을 발휘하기 위해서는 실제적 경험과 연습이 더 유효했던 것이다.

평균에서 소외된 개념

교실에서 비슷한 배경지식을 가진 아이들이라도 고차원적 사고 역량에서 차이를 보이는 경우를 우리는 경험적으로 보아서 알고 있다. 고차원 사고 능력이나 역량도 발달을 위한 연습이 필요한 반증이다.

이 말은 기초학력이 부진한 학생이라도 나름의 수준에서 고차원적 사고를 발휘할 수 있다는 의미이고 기초학력이 부족하다고 해서 고차원적 사고를 경험할 수 있는 기회에서 배제되어선 안 된다는 걸 뜻한다.

따지고 보면 기초학력이라는 개념도 평균에서 비롯한다. 그 시기의 아이들이 기초적으로 가지고 있어야 할 학력인데, 이는 그 시기 아이들의 평균적인 능력이 있다는 가정을 깔고 있다. 그런데 평균에는 소외된 개념이 있다. 평균은 크게 수직적인 개념으로 층위의 수준이 있고 수평적인 개념으로 영역을 나타내는 범위의 수준이 있다. 수직적 층위의 미도달은 도덕적인 관점으로, 수평적 범위인 영역의 미달은 취향적 관점으로 평가하는 경향이 있다. 다시 말해 수직적 층위를 도달하지 못하면 부진이나 낙오 등의 평가가 내려지고 수평적 범위를 도달하지 못하면 그건 그냥 개인적 취향으로 치부하는 경향이다.

수직적 층위는 아이들이 학교에서 배우게 되는 공통 교육과정이다. 공통 교육과정은 말 그대로 평균에 있어서 전체 집단이 기준이지 개인은 절대 아니다. 전체적으로 유효하다고 해서 개인에게 꼭 유효한 것은 아니기에 공통 교육과정으로 아이들을 절단하는 일은 대단히 위험하다. 실보다 득이 크다며 백신을 접종하라고 부추기는 논리와 유사하다. 득이 크다는 관점은 집단의 차원에서 유효한 개념이지 개인에게는 전혀 상반되는 결과를 낳는다. 만약의 경우에 해당하는 단한 명에게 생사가 걸린 문제이지 실보다 득을 따질 일이 아니다.

평균에서 소외된 수평적 범위, 영역의 개념은 기초학력에서 배려되지 않고 있다. 그 아이가 평균적 수준의 미달인지 수평적 범위의 차이인지 살펴볼 기회가 주어져야 하고 그에 따라 각자가 잘할 수 있는 일에 집중하도록 하는 것이 필요하다.

기초라는 말은 '필수'와 '우선'이라는 의미를 동시에 가지고 있다. 그래서 학생들을 판단하고 분류하고 특정 경험을 제공하거나 배제하는 권력이 된다. 결국 기초학력은 무엇을 하기 위해서인가 하는 질문에 대한 답변이다. 기초학력을 재개념화해야 한다는 목소리가 커지고 관련 연구도 활발히 진행되고 있다. 여기서 명확하게 정의하긴 어렵겠지만 역량의 밑바탕(foundation)이 될 수 있는 소양(literacy)으로 전환되어야 한다고 생각한다.[16]

최소한 또래 아이들과 다른 속도와 영역을 지녔다고 해서 배움의 기회에서 제외되거나 낙오자로 각인되는 일은 막아야 한다. 더 나아가 과학적이고 전문적인 지원과 학습의 속도와 영역에 대한 다양성을 존중하는 사회적 문화가 뒷받침되길 바란다.

개별화가 놓친 것

만약 배움에 있어 순차성이 없거나 있더라도 크게 의미가 없다면 기초학력이라는 개념은 존재할 터전을 잃게 된다. 배워야 할 순서가 아무래도 상관없다면 어느 것이 기초이고 아닌지 구분이 무의미하기

---

16) 온정덕 외(2020). 초중학교 교육과정 구성 방안 연구, 교육부, 2장 참고

때문이다. 기초란 그것을 반드시 통과해야 이후의 과정에 접근할 수 있는 그 무엇이다.

기초학력을 논하기 전에 배움의 순차성이 정당한가 따져 물어야 한다. 배움에 순차성이 조금이라도 의심스럽다면 기초학력이 가지고 있는 지위는 흔들릴 것이고, 그렇지 않다면 모든 사람에게 동일한 학습 내용과 절차에 대한 정당성은 힘을 잃게 될 것이다.

배워야 할 순서를 설정한 근거는 지금껏 사람이 배우는 모습을 관찰한 사실들에 기초해 학문적·통계적으로 만든 결과물이라 생각한다. 하지만 학문적·통계적으로 설정한 학습의 단계 사이를 빠져나가는 사례를 무시해도 되는지 의문이 남는다. 잘게 나눠진 성취 단계를 생략하거나 뛰어넘는 사례는 학교에서 종종 경험적으로 관찰된다. 모든 배움이 반드시 순차성을 가지지 않는다는 것은 확실해 보인다.

초기의 다문화교육은 하루라도 빨리 다문화 가정의 아이가 일반 아이들과 다른 점은 줄여 나가고 같은 점을 키워서 동화시키는 것을 목적으로 삼았다. 이 또한 기초학력 부진아를 위한 프로그램과 다를 바 없었다.

하지만 그들에게 훨씬 더 실제적으로 유효했던 일은 또래 아이들과 함께 어울리는 시간이었다. 잘 읽지 못하고 말하지 못해도 같이 부대끼며 실제 삶(real world)에서 의사소통을 위한 경험들이 언어를 더욱 쉽고 빨리 정확하게 습득하는 기회가 되었다. 기초학력 보충을 위해 따로 분리하고 또래 아이들과 격리된 상태에서 배움을 강제하는 일은 오히려 그들을 배움에서 멀어지게 하는 역효과를 낳기도 했다.

지금의 다문화교육은 그들의 고유함은 그대로 존중하고 조화를 추구하는 방향으로 선회하고 있다. 기초학력이 모자라도 일반적인 수업과 활동의 참여를 더 우선시하고 있다. 생활에서 분리하고 단계별 순차적인 공부보다 생활에 통합하고 맥락을 우선하는 공부가 더 효과적임을 깨달아가고 있다. 물론 꼭 필요한 경우 전문성을 갖춘 교사에 의한 개별 지원도 병행되어야 한다.

이런 논의에서는 늘 말미에 '개별화'라는 주제에 도달하게 된다. 사람마다 고유한 흥미와 발달 특성을 보이므로 학습 내용과 방법을 개별화해야 한다는 논리이다. 이것이 개인이 아닌 교실의 전체 아동으로 확장되어 맞춤형 수업이라는 용어가 등장하였고, 지금은 너무 흔하게 사용되고 있다.

개별화, 맞춤형은 용어 그 자체로는 아주 이상적이다. 그러나 지금껏 개별화, 맞춤형이 기대한 만큼 성과를 가져왔는지에 대해서는 성급히 평가하기가 어렵다. 내가 생각하기에 개별화, 맞춤형이 어원에 어울리는 성과를 만들지 못한 이유는 두 가지로 보인다.

첫째, 개별화하고 맞추는 주체가 교수자에게 있었다는 점이다. 학습자의 실태를 진단하고, 단계를 설정하고, 내용을 제공하고, 피드백하는 전 과정이 교수자의 평가에 근거한 계획이 주를 이루었음을 반성해야 한다. 특수교육에서 개별화교육계획을 수립할 때 학생, 학부모와 협의를 하는 절차도 있지만 학생의 생각과 의견을 적극적으로 반영하기에는 충분하지 않다고 생각한다. 교수자는 연역적 설계로 접근하고 학생은 철저히 귀납적 요구에서 접근할 테니 둘 사이의 접점을 쉽게 형성하기 어렵다. 결국 학습효과가 떨어지게 된다.

두 번째, 개별화, 맞춤이 일어나는 궁극의 지점은 학생의 내부에 있다는 점이다. 개별화 수업, 맞춤형 학습은 외형적으로 각각의 학습자에게 다른 내용, 진도, 방법을 제시하는 것으로 착각하기 쉽다. 그렇지만 내용과 학습은 필연적인 결과를 가져오지 않는다. 다른 내용과 방법을 제공하더라도 학생들의 비슷한 학습 결과를 가져올 수도 있고, 반대로 같은 내용을 공부하더라도 학습자 개개인에게는 개별화된 학습 결과를 가져오기도 한다. 학습자에게 얼마만큼의 맞춤화된 학습이 일어났는지는 개별 학습자의 내부에 집중해야 알 수 있다. 그러자면 이를 관찰하고 평가하는 기준이 단 하나이어서는 안 된다. 기준이 다양하지 않는 개별화라는 것은 자기모순이다.

개별화, 맞춤형은 학습자 중심 교육의 대표적 형태이다. 학습자가 중심이라는 것은 누군가가 학습자를 중심에 세우는 것이 아니라 학습자 스스로 중심에 설 수 있어야 완성이다. 종의 다양성은 생태계 건강의 척도라고 했다. 교육 생태계에 좀 더 다양한 관점, 기준들이 공생하길 바란다.

어떻게 배움을 탈영토화할 것인가

○--○

배움 이전과 이후는 같을 수 없다

책을 읽다가 고개를 끄덕이거나 밑줄을 긋는 순간을 만나게 된다. 자신의 생각과 비슷하거나 동의를 구하고 싶었던 생각과 일치하는 구절일 경우가 많다. 자신의 의견에 다수성을 확보하기 위한 독서라면 배움이 일어나긴 힘들다. 자신을 불편하게 하는 관점, 논리, 정서, 타자에 대한 감수성이 커가는 과정이 배움이라고 믿는다.

배움은 본질적으로 탈영토화를 필요로 한다. 이전의 나를 벗어나지 않고서는 새로운 나를 구축할 수 없다. 지금의 교육을 단단히 영토화하고 있는 개념들, 법령과 문서들, 평가하는 시스템, 학습원리를 벗어나야 새로운 변화를 꿈꿀 수 있다. 과연 우리는 어디에서 탈영토화의 출구를 찾고 어느 지점에 재영토화할지 상상을 해 본다.

배움이 무엇인가를 말하자면 비슷한 의미로 사용하는 학습과 구분이 필요하겠다. 학습과 배움은 한자어와 한글이라는 차이 이외에 딱히 두드러진 구분은 없어 보인다. 이 두 개념은 절대적이지 않고 사람마다 다르게 의미를 부여하여 정의하는 경우가 많다. 모든 사람의 동의를 얻는 일이 가능할지는 모르겠으나 나름의 논리로 동의를 구해 본다.

학습은 '학습이론, 학습공동체, 교수-학습' 등의 사례에서 보듯 전통적인 격식이 느껴지면서 딱딱하고 어려운 느낌을 준다. 반면에 배움은 '배움의 공동체, 가르침과 배움'처럼 아카데믹한 느낌은 적지만 친근하고 따뜻하다. 역사적으로도 학습은 오래도록 공식적인 용어로 사용해 왔고 배움은 비교적 근래에 확산되어 전통적인 학습을 개선하거나 넘어서기 위한 용어로 사용하는 경향이 있다. 학습과 배움을 사람들이 실제로 어떻게 사용하고 있는가에 집중해서 살펴보고자 한다. 언어를 사용하여 감정과 의사를 표현하고 전달하는 것은 사람이지만 거꾸로 언어가 사람의 사고를 규정짓기도 하기 때문이다.

학습은 '학습한다', '학습되다', '학습을 시킨다'로 사용할 수 있지만 배움은 '배운다'로는 쓰되 '배워지다'나 '배움을 시킨다'라는 표현은 자연스럽지 못하다. 경상도 사투리에는 '배울 수 있게 해 달라'는 의미로 '가르쳐 달라'고 하지 않고 '배아주라(배워주라, 배워주다)'는 표현이 있었다. 네이버 어학사전을 검색하면 북한어에 '배워주다'라는 어휘가 있고, 이는 '가르쳐서 알게 해 주다'라고 설명되어 있다.

학습은 교수-학습에서처럼 가르치다와 배우다가 항상 고정적으로 대립된 별개의 개념에 가깝다면 배움은 능동과 수동의 사이에서 고정되지 않고 진동하고 있다. 그러면서 '배아주라', '배워주다'처럼 배움의 주체는 배우는 사람에게 있음을 암시한다. 이처럼 학습은 학습의 주체와 대상이 구분되는 영역이고, 배움은 주체일 뿐 대상이 아니라는 걸 말하고 있다. 정리하자면, 배움은 배우는 사람이 주인이 되어야 하고 그럴 때라야 진정한 배움이 일어날 수 있음을 강조하고 있는 것이다.

그렇다면 과연 배움은 무엇으로 정의할 수 있을까? 배움은 필연적으로 어떤 과정을 거치기 마련이고, 그 과정의 이전과 이후는 분명히 달라져야 한다. 흔히 말하듯 무엇을 알게 되고, 할 수 있게 되고, 다짐을 하게 되는 것은 배움을 통해서다. 배움이 일어나고 나면 뭔가가 달라진다.

허먼 멜빌(Herman Melville)은 깊은 해저에서 수면으로 올라오는 고래를 보고 '사유의 잠수자들은 충혈된 눈을 하고 수면으로 올라왔다.'고 표현했다. 어떤 생물도 쉽사리 들어가지 못하는 심해로 들어가 바다의 심연을 본 고래는 눈이 충혈되는 신체적 변화가 생겨 더 이상 이전의 고래가 아닌 것이다.

국악을 배우지 않은 사람에겐 모든 국악이 비슷한 소리로 들린다. 회화를 배우지 않은 사람은 낙서와 그림의 경계를 구분하기 어렵다. 소믈리에가 아닌 사람에게 와인의 맛은 거기서 거기일 뿐이다. 국악을 배우고 회화를 배우고 소믈리에가 된다는 것은 그것에 대해 감응을 할 수 있는 신체로 변했다는 것이다. 그 이전에는 단 하나의 소리와 그림과 와인만 존재했지만 다양한 소리로 그림으로 와인으로 감응할 수 있는 신체는 그만큼 세계를 더 확장시켜 주는 것이다.

배웠다는 것은 배우기 이전과 이후가 같을 수 없다. 신체가 변하는 수준으로 변화가 일어나야 한다. 그래야 배움이다. 굳이 지행합일(知行合一)을 거론하거나 '신체는 큰 이성이다'라는 말로 니체를 소환하지 않더라도 뭔가를 배웠다면 신체가 달라져야 한다. 몇 가지 지식을 얻었다고 해서 그것을 평안히 소유만 하고 있다면 아무 소용이 없다.

앎이 신체를 흘러야 배움이 일어나는 것이다. 아는 것을 실천한다는 차원이 아니라 앎이 나의 혈관을 타고 흘러 신체를 깨우고 실행을 통해 새로운 사고와 감각, 태도를 만들어야 진정한 배움이라고 할 것이다.

배운다는 것은 행위이다. 무엇을 사고하거나 움직이거나 하는 일들이 수반되기 때문이다. 그러자면 행위를 일으키는 뭔가가 선행해야 한다. 궁금함이든, 불편함이든, 낯설음이든 감각을 자극하는 과정이 있어야 행위가 일어난다.

프루스트(Marcel Proust)의 시간여행은 홍차에 적신 마들렌 한 조각에서 시작되었고, 우리는 제제와 밍기뉴를 만나고서야 작고 약해서 소외당하는 존재들에 대해 사유하게 된다. 한석봉은 자신의 글을 성찰하기 위해선 떡을 써는 어머니가 있어야 했고, 홍길동의 활빈당은 아버지를 아버지로 부르지 못하는 사건과의 만남에서 비롯되었다.

배움을 자극하는 것은 내가 기존에 가지고 있는 신체와 온전히 동일하거나 익숙한 것들이어서는 곤란하다. 지금의 나와 이질적인 무엇

어떻게 배움의
주인이 되는가

과의 만남으로 자신의 사고와 신체의 배치가 흔들리는 경험이 배움이 일어나기 위한 조건이자 시작이다. '이질적인 감응으로 욕망의 배치와 신체의 강도가 달라져 새로운 정체성을 형성함으로써 세계를 변혁하는 데 기여하는 일'이 배움에 대한 나의 정의이다.

천장이 되어버린 바닥

모든 사람이 배움의 과정에서 필수적으로 거쳐야 할 단계가 존재하지 않을 수 있다는 상상을 해 본다. 그렇지 않더라도 최소한 고정되어 있지 않고 유동적일 거라는 믿음이 커진다. 이에 대한 근거를 살펴보자.

첫째, 생활 속에서 경험적으로 알 수 있는 사례들이다. 우리 사회에는 학교교육을 아예 경험하지 못한 사람, 검정고시처럼 일부 학교급을 건너뛴 사람 그리고 정규교육 코스를 밟은 사람들이 혼재해 있다. 이들이 살아가는데 영향을 미치는 것은 배움의 영역, 깊이, 양으로써 무엇을 얼마나 깊이 그리고 많이 배웠느냐에 달렸지 어떤 순서와 단계로 배웠는지는 아니다.

둘째, 사실 미래에 필요한 역량이 무엇이고 이를 키울 수 있는 방법이 무엇인지 판단하는 것은 그야말로 예측일 뿐이다. 학교에서 실행되는 교육과정도 예측에 대한 사회적(정확히 말해 전문가적) 합의에 기대고 있다. 학교가 운영하는 교육과정은 당연히 미래를 대비하기 위함이고 이는 국가수준 교육과정에서 판단하여 제공한다. 하지만 국가수준 교육과정은 실시간 동기화가 불가능하다. 변화가 빠를수록 정확한 예측과 유연한 대응은 더욱 힘들어진다. 예측은 빗나갈 수 있고 예측에 따른 단계적 경로라면 꼭 따라야 할 이유는 없어진다.

셋째, 다양한 선택지를 차단하면 그만큼 기회가 줄어든다. 미래는 열려 있으므로 사람들은 모든 가능성을 열어두고 가장 널리 보급된 경로를 따라가는 것이 일반적일 형태일 뿐이다. 그러나 개인이 종착지에서 되짚어 본다면 자기가 거쳐온 경로보다 훨씬 더 효율적이고 뛰어난 경로는 얼마든지 있었을 것이다. 일반적인 경로는 표준적 삶에 유효할 것이나 표준을 벗어난 삶에는 도리어 장애가 될 수도 있는 것이다.

어떤 사람에게는 각자의 흥미와 능력에 무관하게 표준으로 제시된 내용을 주어진 절차대로 익히는 데 시간과 노력을 투자하는 것이 고통일 수 있다. 학교에서 제공하는 배움들이 개별적 삶에 어떤 영향을 주고 맥락을 형성해 갈지 아무도 알 수는 없지만, 최소한 이 모든 것들이 전부 다 필요하지는 않다는 것은 말할 수 있다. 동기부여가 되지 않음에도, 자신에게 의미를 찾기 어려움에도 정해진 단계에 누락 없이 참여하라는 요구는 폭력일지도 모른다.

모든 걸 다 익히지 못하더라도, 순서대로 따라가지 않더라도 내가 관심이 있고 잘 할 수 있는 영역에 깊이 있게 파고드는 경험이 더 소중하다. 생은 한 번이고 연습이 없다. 유한한 시간이며 롤백이 불가한 삶이다. 최대한 가능성을 열어가는 일과 모든 경우의 수를 안고 가는 것은 구분이 필요하다. 학교라는 교육 체제는 집단적 효율성도 있겠지만 개인적 삶의 질도 보장해야 한다. 학교가 더 이상 학교를 살아간 아이들에게 유의미한 시간과 경험을 제공하지 못한다면 존재할 이유를 잃고 말 것이다.

그간의 국가수준 교육과정의 기여도를 폄하하진 않겠다. 하지만 산업화와 대량생산 시대에 통했던 논리가 지금도 유효하게 작동하길 기대하긴 무리이다. 표준화된 국가수준 교육과정이 최소한의 배움의 질을 보장하고자 설치한 바닥이 각 학교와 교실의 펼쳐짐을 한계짓는 천장이 되는 우를 범하지 말아야 한다.

그래서 국가수준 교육과정이 유연해질 필요가 있다. 모든 걸 규정하고 촘촘히 메꾸려는 욕심을 버려야 한다. 하나의 길이 아닌 다양한 길을 선택할 수 있도록 열어 두어야 한다. 나아가 있지 않았던 길을 스스로 만들어 가는 경험을 제공할 수 있어야 한다. 교육과정의 빈 공간을 채워 나가는 생성의 교육과정이 필요하다.

역량의 자리매김을 위하여[17)]

교육은 하나의 사회장이다. 다양한 힘들이 언제든 들어오고 빠져

---

17) 이 원고의 '정초됨과 경험함의 사이'라는 제목으로 국가교육과정포럼(2019. 9. 21. 충남대)의 토론을 위해 쓴 글을 일부 수정하였음.

나가며 끊임없이 흔들리며 균형을 맞추고 있다. 더러 새로운 이론이나 개념이 과거의 것들을 밀어 내고 대체할 수도 있지만 그 위에 포개지는 경우도 있다.

학력의 개념은 학습 이력, 학습의 정도, 학습의 결과, 학습할 수 있는 능력 등이 다층적으로 포개어져 있으며, 새로 도입된 역량의 개념도 비스듬히 걸쳐져 있다. 학력과 역량 각각의 개념과 관계를 무엇으로 보느냐에 따라 학교교육에 미치는 영향이 클 수밖에 없다. 짚고 넘어가야 할 문제이고 사회적 합의도 필요한 부분이기에 필자의 의견을 제시해 본다.

정리되지 않은 개념

학력은 학교의 최종 산출물이자 수업을 정초한다. 학력을 무엇으로 정의하느냐에 따라 학교와 수업의 정합성이 확보되어야 하기 때문이다. 하지만 학력의 개념은 다양한 층위를 이루고 있어 사회적 합의가 어렵다.

한 가지 확실한 것은 지금까지의 학력(學力 혹은 學歷)은 측정을 통해 분별의 기능을 담당해 왔고, 이로 인해 여러 가지 문제들을 발생시켰으며 학교교육이 정상적으로 작동하는 데 장애가 되어 왔다는 점이다. 이에 대한 반성과 급변하는 미래사회에 대비하기 위한 학력이 뭔가에 대한 고민과 새로운 학력관을 정립하려는 실천이 이어지고 있어 무척 고무적이다.

학교교육을 담당하고 있는 현장 교원으로서 논의에서 정리되지 않아 혼란을 겪는 어려움이 있다. 학력과 역량은 과연 어떤 관계를 가지고 있는지에 대한 명쾌한 이론이나 동의할 만한 근거가 제공되지 않고 있다. 학력과 역량은 대체 가능한 동일한 층위의 개념인지, 각각 층위가 달라 하나가 다른 하나의 도구가 되는 것인지, 그도 저도 아니면 서로 무관하거나, 병행해야 할 별개의 성격인지가 분명해져야 한다.

먼저 둘이 다른 이름을 가진 한 몸이라면 굳이 학력과 역량이 공존해야 할 이유가 없다. 둘을 구성하고 있는 여러 가지 요소들(창의력, 의사소통, 문제해결력 등)이 사실상 겹치는 부분이 많아 전혀 무관한 영역이 아님은 분명하다. 남은 경우는 학력이 역량의 도구이거나 역량이 학력의 도구라는 가능성만 남게 된다.

새로운 학력관에 대한 연구[18]에 따르면, 학력을 구학력관에서는 '학문 수행 잠재력'으로 보았고 신학력관에서는 '전인적인 발달 결과'로 개념화했다. 전자의 경우는 학습하는 힘을 통해 역량이 커질 수 있으니 학력이 역량의 도구라는 입장이고, 후자는 역량을 갖춰야 전인적 발달로 이어질 수 있으니 역량이 학력의 도구라는 입장이라 할 수 있겠다.

학력과 역량의 이와 같은 정리에 의문이 남는다. 앞에서 지적했던 바와 같이 역량과 학력은 거의 대부분이 포개어진다. 전북교육청의 참학력[19] 경우에서도 참학력과 핵심역량은 거의 유사함을 볼 수 있

---

18) 성열관 외(2017). 새로운 학력 개념 정립 및 구현 방안. 전국시도교육감협의회 연구용역
19) 전북교육청에서 재개념화한 학력. '스스로 배우고 새롭게 생각하며 더불어 살아가는 힘'이라는 의미와 자기주도적 학습력, 문제해결능력, 문해력, 자아역량, 공감 및 소통역량, 민주 시민성, 문화감수성, 생태감수성이라는 세부능력으로 구성됨. 전북교육청 참학력지원센터 홈페이지(2016. 3. 15.)

다. 학력과 핵심역량의 구성요소가 대동소이하다면 역량으로 학력을 키운다는 논리는 자칫 동어반복이나 자기참조에 그칠 수 있다.

역량 연구자들은 역량의 특성으로 발달성을 든다. 역량도 학력처럼 단계에 따라 발달할 수 있는 개념이고 개발되어야 한다는 말이다. 역량이 발달하면 학력도 발달한다는 명제가 성립된다. 그렇다면 둘의 차이는 뭔가라는 질문으로 또 돌아가게 된다.

현행 교육과정에서도 추구하는 인간상과 갖추어야 할 핵심역량이 최상위에 위치하고 있고, 각 교과나 교육활동의 종착지로 설정이 되어 있다. 역량 개념의 도입이 시장의 요구에서 시작되었다는 지적을 무시하지는 않지만, 핵심역량으로 제시된 것과 신학력에서 제시하는 항목이 거의 합치하고 있으므로 합의 가능한 지점이 있을 것으로 본다.

개인적으로는 역량의 정도를 측정 가능하다는 전제 아래 학교교육의 특정 시점에서 발현되는 역량의 정도를 측정한 결과가 학력으로 재개념화하기를 조심스레 제안한다. 덧붙이면, 학생이 현재 도달한 역량의 상태에 대한 정보가 학력이라는 생각이다.

건드리지 못한 신화

현장 교원으로서 낭패감은 늘 '정초된다'는 것에 있다. 교육 이론은 대학에서 저명한 학자들이 제공해 준다. 가르칠 내용을 국가에서 교과서와 차시까지 지정해 주고 평가지까지 친절히 제공해 주는 경우도 있다. 교원들의 주체성은 정초된 결과일 뿐이지 원인으로 기능하기가 어렵다. 원론적인 차원에서 교육과정 재구성, 학습공동체 등을 통해 학교교육의 주체성이 허용되어 있지만 실제적인 운신의 폭은 한계가 있다.

학력만 해도 이미 너무나 확고하게 주어져 있는 신화에서 출발한다. 아무도 그 발생을 캐묻는 이가 없다. 성역처럼 금기시된 신화인 '지식, 기능, 가치·태도'의 구분에 대해 의문을 제기하고자 한다. 블룸(bloom)의 인지, 심동, 정의적 영역에서 출발하여 'OECD 학습 프레임워크 2030'에서도 지식, 기능, 가치·태도의 총체성이 역량으로 규정하고 있고, 지식역량, 수행역량, 태도가치역량(신학력), 참학력의 지식, 실천, 가치·태도의 사례에서 그 근간이 조금도 흔들리지 않고 등장하고 있다.

그렇지만 여기서 과연 지식과 기능의 구분이 정당한가 하는 의문이 든다. 브루너(Jerome S. Bruner)의 말을 들어보자. '우리는 흔히 행동과 이해를 구별하여 말하는 것을 듣는다. 예를 들면 한 학생이 수학의 원리를 이해하는 것 같기는 하나 그 원리를 써서 실제로 계산해 낼 수 없을 경우에 사람들은 행동과 이해란 별개의 것이라 말한다. 도대체 한 학생이 이해하고 있는가 아닌가는 그의 행동을 보아야 비로소 알 수 있다고 생각하면 아마 이 구별은 그릇된 구별일 것이다. 그러나 또 한편 이 구별은 교수와 학습에서 무엇을 강조할 것인가 하는 재미있는 문제를 일으킨다.[20]

브루너를 비롯해 몇몇 사람들이 지식과 기능의 구분에 대해 의문

---

20) 브루너(1973). 교육의 과정. 배영사. p89

을 제기해 왔다. 무릇 이해란 지각(감각)을 통과해야 도달할 수 있고, 이해가 없는 맹목적인 기능은 사례를 찾기가 어렵다. 안다는 것과 행한다는 것의 경계는 그렇게 뚜렷하지 않다. 최소한 그 경계가 애매한 영역이 존재함은 부정하지 못할 것이다.

또한, 지식과 기능의 구분이 표면적인 효과를 측정할 때만 유효한 구분일 뿐 교수·학습에도 동일한 효력을 가지지 못한다는 생각이 든다. 지식과 기능은 학습의 목표이자 측정의 지표로는 유용할 수 있다. 현행 교육과정 성취기준에도 대부분 관찰, 판단, 측정이 가능한 진술문의 형태를 띠고 있다. 평가를 위한 결과론적 구분으로 적합하지만 그 역은 성립한다고 보기 어렵다. 오히려 지식과 기능을 분리해서 가르칠 수 있다는 사고가 지식 편향의 배움만 양산하여 근대교육의 폐단을 가져왔다고 볼 수 있을 것이다.

학교교육에서 앎(지식)과 신체(기능)를 지나치게 분리해 왔음을 지적하고 싶다. 배움에 있어서 신체성에 주목하지 못하고 인지적 지식(academic learning)에 치중하다 보니 일제식, 암기식 수업이 주를 이루고 지필고사 위주의 평가를 가져오게 된 것이다.

들뢰즈의 신체 개념을 보면 신체는 무엇을 할 수 있으며 그 구조는 무엇인가, 그것을 구성하는 빠름과 느림의 관계는 무엇인가? 라는 두 가지 질문을 각각 위도와 경도라 칭한다. 신체를 순수 잠재성의 상태(기관없는 신체)로 보는 관점인데, 경도는 어떤 배치(관계) 속에서 어떤 기계로 가능한가? 어떤 작용 어떤 기계 어떤 활동을 수행할 수 있는 강밀도의 분포를 가지고 있는지를 표시하는 것으로 '욕망이나 의지'로 단순화할 수 있겠다. 위도는 경도의 할당된 요구에 부합하는 강밀도의 분포를 만들어내는 능력으로서 하나의 분포에서 다른 분포로 강밀도로 변화시키는 속도와 정도를 표시하는 것이므로 간단히 '힘(능력)'이라 부를 수 있다.

이렇듯 신체는 위도(힘, 능력)와 경도(욕망)를 가지고 있다. 이는 역량교육에서 말하는 역량의 총체성 즉, 지식, 기능, 가치·태도가 합해진 성격임과 대비해 보면 욕망은 가치·태도로 지식과 기능은 힘이라 할 수 있다. 신체가 앎과 분리되지 않는다면 지식과 기능을 구분지을 수 있는 경계가 존재하지 않는 한 덩어리일 것이다. 배움에 신체가 관여하지 않을 수 없고 앎과 신체가 하나이면 최소한 교수·학습의 차원에서는 둘이 동시에 다뤄져야 한다.

여기서 놓쳐서 안 될 것이 있다. 지식과 기능은 동일한 선분의 양쪽 끝에서만이 아니라 선분 위에 a, b, c, d와 같이 골고루 분포한다. 마치 셈과 여림의 개념처럼 두 가지 속성을 동시에 포함하되 많고 적음이 다를 뿐이다.

지식 ━━a━━━━b━━━━━c━━━━━d━━ 기능

OECD에서 제시한 학습 프레임워크에서도 교과 교육과정을 구성하는 요소로서 지식에 절차적 지식(procedural knowledge)을 기능에 인지적·메타인지적 기능(cognitive & meta-cognitive skills)을 포함시키고 있다.

이처럼 기능과 지식의 두 가지 측면 중 어느 한 가지 측면이 강조될 순 있으나 명확한 경계 짓기는 불가능하다. 우리가 지금껏 지식과 기능으로 분리해 온 영역은 별개가 아니라 하나의 선분상에 위치한 점으로 보았을 때 이를 지칭할 어휘가 없으므로 '지식+기능'으로 표기한다.

역량과 지식, 기능, 가치·태도의 관계를 vector에 비유해서 설명해 보겠다.

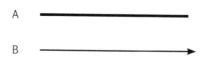

지식+기능만 있을 경우 힘(능력)의 크기는 있지만 평온한 소유일 뿐 방향성을 가지지 못한다. (A) 가치·태도라는 방향성이 주어져야 비로소 크기에 방향을 더해 벡터(역량)가 되는 것이다. (B)

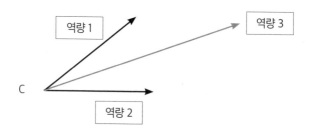

이렇게 크기와 방향을 지니더라도 단독으로 존재하지만 다른 벡터들과 상호작용이 생기면 새로운 벡터(역량)가 형성되면서(C) 확장이 일어난다.

어떻게 배움의
주인이 되는가

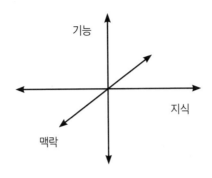

그런데 학습에 있어서 좌표 평면을 이루고 있는 지식+기능이 실제
적 삶의 역량으로 작용하기 위해서는 맥락이라는 요소가 합쳐져야 하
는 과정을 남겨두고 있다. 맥락이라는 또 하나의 축이 추가되는 공간
벡터 즉, 삶의 공간(real world)에 이르러서야 기존의 동일한 앎의 답습
하던 평면적인 학습을 넘어 삶에 전이되고 세상에 없던 앎을 창조할
능력이 생성될 수 있다. 그렇다면 공간벡터를 만들기 위한 제3의 축인
맥락이 학교에서 더욱 중요하게 다루어져야 함은 당연한 귀결이다.

생성되어야 할 가치

학력은 무엇이고, 어떻게 길러야 하는지에 대한 답을 해야 할 지점
이다. 학력과 역량의 개념이 혼재하는 학교 현장의 혼란을 줄이기 위
해서라도 정리는 필요하다. 학력은 '역량의 발달 정도를 이르는 말'이
라고 정의하고, 이 정의의 성립 조건인 역량을 측정하는 일은 앞으로
해결해야 할 숙제로 남기겠다.

역량의 학습을 두 가지 키워드로 제안한다. 첫째, 지식 위주의 수

업에서 벗어나기 위한 신체성의 회복이다. 이를 위해서는 깊이 있는 학습을 위해 학습량을 줄이고 상호작용을 보장할 수 있는 체험, 토론, 실험, 협력을 통한 수업이 이루어져야 한다. 둘째, 삶과 연결된 맥락 있는 학습이 확대되어야 한다. 이를테면 프로젝트수업, 현상기반학습, 통합수업 등을 들 수 있겠다.

더불어 이 둘을 관통하는 가장 중요한 요소는 자기 주도성이다. 신체성의 회복과 삶과 연결된 학습은 외부에서 주어지는 것이 아니라 스스로 앎을 찾아 나설 때 가능하기 때문이다.

아무리 학습의 형태와 방법이 바뀌더라도 자발적인 시작과 주도적인 수행이 없으면 신체성이 발동하지 않음을 간과해서는 안 된다. 나아가 누군가 차려 둔 학습에 참여하는 학생 참여형 수업의 프레임을 넘어 스스로 앎을 찾아 나서는 학생 주도형 수업으로 과감히 전환해야 한다.

학습자 주도성의 발생을 따지고 들면 자율성에 이르게 된다. 교육과정 편성 운영의 자율권, 수업의 설계와 수행, 평가에 학습자의 권리가 보장되어야 한다. 그럼, 이로 인해 생성되는 가치는 무엇일까? 그것은 바로 다양성이다. 왜 다양성일까?

이제 미래교육 논의에 다다랐다. 교육에서 미래가 다뤄질 때 가장 큰 문제는 예측 불가능을 이유로 끊임없이 조성되는 불안감이다. 불확실한 미래를 대비하기 위해 현재의 행복을 자꾸만 유보시키고, 뭐든지 많이 배워 두어야 한다는 강박이 더욱 더 지식 위주의 학교교육을 부추기고 있는 것이다. 지식의 양적인 취득에만 몰두하니 신체를

어떻게 배움의
주인이 되는가

통과하지 못한 배움들로 수업이 채워지고 종국에는 학교의 출구에서 자로 재어 선별된 채 세상으로 내보내는 구조가 사회를 단선화, 양극화시키고 있다.

지금의 사회는 소수의 기준이 모든 것을 절단하고 있다. 기성세대들은 다양성을 경험하지 못했다. 똑같은 교육과정과 수업을 거쳐 평가를 통과한 이들은 다양성의 가치를 알지도, 다름을 존중하지도 못한다. 부와 권력, 획일화된 가치관이 척도로 작용하는 사회에서 화석화된 지식의 양적인 소유에만 집착한 결과 학교교육도 방향성을 잃고 말았다.

그렇다고 당장 사회 전체를 바꾸려는 혁명과도 같은 일은 요원하기만 하다. 교육이 미래를 준비한다는 일은 여기에 대한 반성에서 시작해야 한다. 학교에서 저마다의 관점과 가치, 각자의 능력을 존중하는 경험을 신체에 새길 수 있어야 한다. 이런 학생들이 다같이 행복한 세상을 꿈꾸고 준비하는 게 미래교육일 것이다.

학력이라는 문제는 해를 찾는다고 소거되지 않기에 문제의 발생을 따져야 할 것이다. 들뢰즈였다면 '이 문제에 의해 이득을 얻는 것은 누구인가?' 라는 질문을 던졌을 것이다. 학력의 논의에 대한 발생을 따지고 들면 결국 학교의 바깥이 학교의 내부를 규정짓고 있는 부분이 많다. 학력의 개념, 지식-기능-태도의 구분, 규격화된 교육과정, 대학과 현장의 단절, 관리 위주의 행정은 학교로 정초된 영역 내지 원인들이다. 이를 극복하자면 우리가 학교의 내부에서 경험하고 있는 것들을 중심으로 논의를 시작해야 한다.

학습의 주인되기

앎과 삶이 하나되는(혁신학교), 학습자의 삶 중심(국가교육회의) 등의 표현처럼 학교 현장에서는 학생들의 삶과 배움이 분리되어 있다는 비판이 많다. 이런 말을 들으면 사람들은 어떤 심상을 떠올릴지 궁금하다. 문구 자체에 대해 반감을 갖거나 부정적으로 평가하는 사람은 드문 것으로 보이는데 사람들마다 생각하는 의미는 미세한 차이들이 있을 것이다.

앎과 삶이 하나되고 학습자의 삶이 중심이 되는 교육이 뭘까요? 하고 구체적으로 물으면 명쾌하고 일목요연한 대답을 기대하기 힘들다. 지금까지의 교육은 아이들(학습자)의 삶과 괴리되어 있었다는 전제가 있어야 성립할 수 있는 표현이므로 이것이 무엇을 의미하는지 하나씩 톺아볼 필요가 있다.

첫째, 학교의 배움이 아이들에게 즐거움을 주는 데 성공적이지 못했다는 점이다. 자신이 좋아하는 대상은 곁에 두고 보기만 해도 기쁘다. 반대로 내가 좋아하지 않고 원하지 않았던 내용이라면 그 어떤 것이라도 즐겁지 않다. 즐겁지 않으니 몰입이 될 리가 없다. 공부시간에 아픈 배가 쉬는 시간에 거짓말같이 낫는 이유가 여기에 있다. 기쁘지 않은 일을 억지로 자신의 삶에 욱여넣고자 하는 사람은 없을 것이다. 존재 자체만으로 아이들의 기쁨이 될 수 있는 간절한 대상은 무엇일까?

둘째, 학교의 배움이 아이들에게 진정한 성취감을 주지 못했다. 성취감과 동기부여는 서로 변화하여 생성되는 에너지와 같은 성질을 가

어떻게 배움의
주인이 되는가

지고 있어서 지속적 도전을 가능하게 한다. 성공의 경험이 주는 해냈다는 만족이 새로운 도전을 자극한다. 이러한 만족은 자신이 의미있다고 생각하는 경우에만 발생한다.

거꾸로 무슨 일을 하면서 의미를 찾지 못하게 되면 사람은 거기에 드는 에너지를 최소화하려고 한다. 의미없는 일에 힘을 낭비하지 않고 중요한 일에 힘을 집중해서 생존에 유리하도록 진화해 온 결과이다. 그리고 놓치지 말아야 할 것은 성취감이 반드시 어떤 성과에서만 발생하는 것이 아니라 과정에서도 일어난다는 점이다.

동기부여는 시작의 단계에만 중요한 것이 아니라 지속적으로 유지되어야 할 성질로써 문제를 해결하는 과정이나 무언가를 생산할 때 의미를 계속적으로 형성할 수 있어야 한다. 성취감은 동기를 부여하고 동기는 의미를 찾을 수 있어야 하니 성취란 개별적 영역이다.

셋째, 배움의 내용이 아이들 삶과 맥락을 형성하지 못했다. 우리는 가끔 맥락 없이 엉뚱한 상황을 만날 때 뜬금없다는 말은 한다. 뜬금없다는 말은 어떤 기준이 없어 혼란스럽다는 의미이다. 맥락을 형성하려면 구성물 사이를 관통하는 하나의 기준이 있어야 가능하다.

이 기준과 관련 없는 사물들은 맥락의 바깥에 위치할 수밖에 없다. 만약에 맥락의 바깥에 위치한 것들이 너무 많은 상황에 놓인다면 이 것들을 맥락 속으로 가져오지 못할 바에는 새로운 기준이 있는 또 다른 맥락을 만들어야 한다. 배움의 내용이 학습자 삶의 맥락과 무관하다면 학습자는 맥락 바깥의 세계를 평행우주처럼 인식하지 못하거나 인식하기 위해서는 이중의 자아를 가지지 않는 한 불가능하다.

배움의 즐거움, 의미 있는 성취, 삶의 맥락 이것들을 가로지르는 것은 학습자 자신이다. 즐거움을 느껴야 하는 사람은 학습자이고 학습자에게 의미가 있어야 성취감을 가질 수 있다. 맥락이란 학습자 각자의 영역이다. 교실 공부를 통해 자신이 성장할 수 있다는 믿음을 가져야 끝없이 도전하고 작은 성공의 경험을 쌓아 갈 힘을 얻는다.

아이들의 앎과 삶이 괴리되어 있다는 것은 결국 자기 학습에 자신이 주인이 되지 못해서이다. 모두가 주인이기에 배움을 이유로 무언가에 예속되지 않고 그 무엇도 복속시키려고 하지 않는 삶의 윤리가 뒤따라야 한다. 공부가 즐거운가? 성취감을 느끼는가? 자기 삶의 맥락과 함께 하는가? 이러한 질문에 긍정의 답변을 돌려줄 수 있는지 여부가 학교의 미래를 좌우할 것이다.

학습을 밀고 가는 힘

우리가 공부에 매달리는 이유가 뭘까? 호기심을 해소하기 위해서라거나 좋은 직장을 갖기 위해서 그도 아니면 그저 좋아서 한다고 할 것이다. 이 대답들은 질문에 호응하고 있지만 대답하는 사람이 마주하고 있는 질문은 각기 조금씩 다르다. 위의 대답들이 가진 공통점은 없다. 호기심은 공부의 동기로, 좋은 직장은 목적으로 그저 좋아서는 이미 동기가 부여된 이후의 과정으로 구분하고 싶다.

일상생활에서 목적과 동기는 흔히 같은 뉘앙스로 통용된다. '그렇

어떻게 배움의
주인이 되는가

게 한 이유가 뭐냐?'라는 문장에서 '이유'를 '목적'이나 '동기'로 바꿔도 대답은 크게 달라지지 않는다. 사람에 따라 어떤 일을 하는 이유로 목적과 동기 중에서 무엇을 중심에 두는지는 차이가 있지만 그런 현상에 큰 관심을 두지는 않아 보인다. 목적과 동기는 어떤 행위의 처음과 끝 양극단에 존재하지만 극과 극은 통한다는 말처럼 목적과 동기의 차이를 거의 무시하는 경향이 있다. 목적이 분명하다는 것은 동기가 이미 부여된 것으로, 동기부여가 확실하면 목적은 이미 설정된 것으로 받아들이는 것이다.

하지만 동기와 목적은 둘 중 하나를 종속하지 않는다. 목적을 위해 동기가 부차적이지도 않고 동기에 따라 목적이 규정되지도 않는다. 목적이 있더라도 동기가 부여되지 않거나 동기는 갖고 있지만 목적이 불분명한 경우가 허다한 것이 실제 삶이기 때문이다. 앞의 것은 해야만 하지만 하기 싫은 일이고, 뒤의 것은 하고 싶지만 할 수 없는 일이라고 할 수도 있겠다. 하고 싶은 일과 해야만 하는 일을 붙잡고 씨름하면서 그 사이에서 동기를 부여하고 목적과 상호작용하여 절충점을 찾아가는 것이 현실이다.

학습은 어떤 모습을 보일까? 학생들은 교실에서 매차시마다 학습목표를 받아들고 수업의 도입에서 동기부여를 주문받는다. 매 차시마다 문학에 대한 동기, 함수에 관한 동기, 별자리에 관한 동기가 버튼 누르면 나오는 자판기처럼 말이다.

기본적으로 학교 수업은 교과가 대부분이고 교과는 내용 체계가 학문적 범위와 깊이가 심화되는 형식으로 구성되어 있다. 교과가 학생들과 만나는 형식은 분절되어 구획화된 시간표이다. 학생들은 특정 요일의 특정 시간에는 특정 교과의 내용과 상호작용을 할 수 있어야 하는 어려움이 있다.

이런 상황에서도 묵묵히 학습을 진행하는 아이들도 있다. 이 아이들은 어떻게 보면 일반적인 아이들이 소유하기 힘든 긴 학습동기를 가지고 있다고 생각한다. 한 차시의 수업, 한 학기, 몇 년의 시간을 뛰어넘는 말 그대로 아주 길고 멀리 갈 수 있는 학습동기를 이미 신체에 가지고 있다는 생각이다.

동기에는 짧은 동기와 긴 동기가 있을 것이다. 짧은 동기는 지속시간이 짧고 관련된 일의 범위가 좁다. 긴 동기는 오래도록 걸쳐져 있는 일이고 그 범위가 넓다. 생활에서 만나는 여러 가지 상황 속에서 짧은 동기와 긴 동기가 필요한 경우가 혼재되어 있다. 학자들이 동기이론에서 말하는 1차적 동기인 본능적 동기 중에서 당장의 배고픔은 짧은 것이고, 생명을 유지해야 하는 것은 최고로 긴 동기일 것이다.

학교의 수업은 긴 동기를 형성하는데 어려운 구조이다. 교육과정 전체가 상위에 인간상, 역량 등을 제시하고 있지만 이와는 별개로 학교에서 이뤄지는 직접적인 교육활동은 대부분 짧은 동기를 요구하는 형태로 분절되어 있고, 이마저 아이들이 가진 개별적인 맥락과는 동떨어져 외부에서 주어지는 것이 대부분이다. 아이들의 생각과 생활에 작은 변화를 줄 수 있는 교육활동은 지금보다는 조금 더 긴 호흡이 필요하다고 본다. 차시와 단원이 제공하는 호흡이 아니라 아이들이 가지고 있는 본연의 동기를 중심으로 긴 호흡으로 자신의 학습을 실행해 나가는 기회를 제공해야 한다.

최근 학교 현장에서 자발적으로 이뤄지고 있는 프로젝트, 주제중심 통합, 포괄적 문제해결학습 등의 현상에서 필자가 가장 가치롭다고 판단하는 부분은 분절되지 않는 긴 학습이다. 짧은 호흡의 학습은 사실적 지식을 단기간에 많이 습득할 수 있는 효율성 면에서는 우수할 수도 있다. 하지만 많은 지식을 소유하고 있다고 해서 고차원적 지식이 저절로 발휘되는 것도 아니고, 사실적 지식과 고차원적 지식을 별도로 학습하는 것도 아니다.

긴 호흡의 학습이 좋은 이유는 사실적 지식들은 더욱 오래 기억할 수 있고 그것들 사이를 연결하여 고차원적 사고를 활발하게 하는데 유리하기 때문이다. 긴 호흡의 학습은 긴 동기를 필요로 한다. 동기는 성취와 가장 잘 반응한다. 성취는 다시 동기를 키워주고 밀고 나가는 힘을 준다.

아이들이 긴 동기를 장착하기 위해서는 기존에 고착화된 습관에서 벗어날 수 있어야 한다. 교사의 역할이 중요해지는 대목이다. 단순히 자극적인 충동이 긴 호흡으로 이어지는 것은 아니다. 동기란 자기 내면의 욕망을 마주하는 일에서 시작되고, 그 욕망이 자연스럽게 흐를 때 작동한다. 욕망은 프로이드가 말하는 결핍에 대한 욕구도 아니다. 플라톤이 말하는 이데아를 향한 동질성의 회복을 위한 욕망도 아니다.

욕망은 흐름이며 생산하는 주체이다. 개별적 욕망의 흐름을 마주하지 않고서는 아이들의 성장에 접근하지 못한다. 욕망은 에너지다. 이를 일정한 틀에 가두면 에너지는 감소될 뿐이다. 자신의 욕망을 마주하고 자유로운 흐름으로 고유한 선을 만들어가야 자신을 변혁할 수 있다.

그러나 학교교육은 동일성을 설정하고 얼마나 정확하고 빠르게 많이 재현할 수 있는가에 초점이 맞추어져 있다. 이런 배움으로는 아이들이 자신의 삶을 변혁시키는 주체가 되기 어렵다. 이제 학교는 아이들이 긴 동기를 가지고 학습을 밀고 가는 경험을 제공할 수 있어야 한다.

간 만큼 힘이 되는 배움

무협지 증후군이라고 해야 할까? 우리 세대 사내아이라면 한번쯤 성장통처럼 무협지에 빠져드는 시기가 있었다. 비기를 손에 넣고 하루아침에 강호를 평정하는 상상만으로도 행복해하던 기억이 있다. 마찬가지로 공부 잘하는 비결을 손에 넣고 전교 1등이 되는 상상도 한번쯤 해 보았을 것이다. 전통적인 암기식에서 실험 실습, 토론과 협력을 거쳐 AI를 이용한 학습까지 수많은 이론과 방법이 나오고 있지만, 아쉽게도 공부 잘하는 비결이라 불릴 만한 것은 등장하지 않은 것 같다.

공부를 잘한다는 것이 뭘까? 잘한다는 것은 평가를 포함하고 있는 말이다. 평가를 하기 위해서는 측정 가능한 뭔가를 대상으로 선정해야 하고, 그에 따른 방법도 결정되어야 한다. 거기다가 이 모든 것들이 평가에 관련되는 사람들의 동의가 있어야 비로소 가능해지는 일이다.

어떻게 배움의
주인이 되는가

학교교육은 이런 조건들을 충족하기 위해 인지적 지식의 평가에 치중해 왔다. 학업 성취도나 수학능력시험 등이 지식을 얼마나 많이 가지고 있고 제한된 시간에 끄집어낼 수 있는지를 양적으로 측정하는 방식이 대부분을 차지한다. 한 줄로 세워야만 하고 그 과정과 결과에서 이의가 발생하지 않아야 하기 때문이다.

이러한 게임에서 파생되는 문제는 모두가 인식하고 있다. 알면서도 해결하지 못하는 사회적 문제로 남아 있다. 온 사회가 힘을 모아 이 문제를 하루빨리 해결하는 시간이 다가오길 바란다. 그런데 문제에 대한 해결책을 찾는 노력은 입시제도를 개혁하여 교육의 과정을 변화시키는 데 초점이 맞춰져 있다. 매번 입시제도를 바꿀 때마다 학교와 학생들은 혼란에 빠졌고, 문제의 해결책이 되지 못한 악순환이 반복되고 있다. 그래서 나는 거꾸로 학교에서 이루어지는 배움의 과정을 정립하는 방법을 통해 이 문제를 해결할 수도 있겠다고 생각한다.

현재의 입시제도는 살아남은 자와 그렇지 못한 자를 선별하고 경계짓는 게임이다. 이 게임에서는 이기고 진 자가 반드시 생기며, 훨씬 많은 수의 사람들이 게임에서 질 수밖에 없는 룰을 가지고 있다. 이긴 자는 게임에서 승리했으므로 그에 따르는 권리를 정당화하고 진 자는 패배에 대한 책임을 자신이 오롯이 떠안아야 한다. 거기에 더해 패배한 자는 그때까지의 공부가 하루 아침에 무의미해지는 경우가 대부분이다. 십수 년의 공부가 오직 하나의 게임에 의해 결정된다면 이것은 배움이 아니다. 가다가 못가거나 다른 길로 가더라도 그만큼의 시간이 자신에게 득이 되는 힘으로 남아야 제대로 된 공부가 아닐까?

배움은 최종 도착지를 위해서만 존재하지 않는다. 매 순간 모든 과정이 충분히 가치롭고 의미가 있어야 한다. 배움의 과정에 꼭 포함되어야 할 요소가 있다.

첫째, 학습자의 삶과 하나의 맥락 속에 위치하고 있어야 한다. 학습자가 자신의 학습에 대한 자각 없이 맹목적으로 지식만 소유하려들면 허위일 뿐이다. 이런 공부는 학습자의 신체에 혈액처럼 흐르지 못하므로 학습자를 변화시키지 못한다. 평가를 위해 쌓아두었던 지식은 그 목적이 없어지면 허물어지고 만다.

둘째, 자신의 에너지를 소진하는 것이 아니라 힘을 생산하고 주위에 긍정적 영향을 줄 수 있어야 한다. 고진감래(苦盡甘來)의 윤리는 현재의 고통에 대한 보상으로 제시한 상황이 도래하지 않으면 학습자는 물론 주위에 상실감을 남긴다. 동시에 결과만 보고 달려가는 공부는 중도에 멈추면 그 이유가 뭐든 멈춘 자에게 책임이 돌아간다. 배움은 그 자체로 학습자의 힘이 커져야 하고 혼자가 아닌 주위와 함께 커가야 하는 일이다.

강산이 여러 번 변할 시간을 교육에 몸담으면서 경험적으로 체득한 배움의 과정을 풀어 보겠다.

출발은 학습자의 필요이다. 실제적 삶의 문제이면 좋고 절실할수록 더 좋다. 이 문제는 생활 속의 구체적 장면일 수도 있고 추상적인 상황일 수도 있다. 필요가 있으면 흥미가 생기고 집중력 있는 탐구가 이어진다. 탐구 과정에서 성취감을 느낄 수 있는 지점들이 나선형으

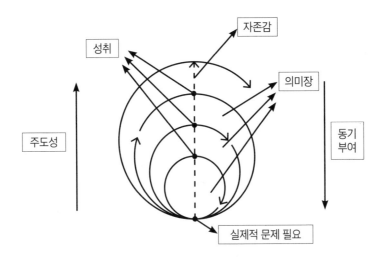

로 설계되어야 한다. 단 하나의 목표와 도달점이면 시작과 끝이 멀어지게 된다. 작게 분할되더라도 성공의 경험을 가질 수 있는 지점들이 잦을수록 좋다.

성공의 경험은 또다시 동기부여로 변환된다. 동기부여와 성취감이 선순환을 이루면서 주도성이 발생한다. 늘 주어진 상황에 시키는 대로 하다보면 학습자의 선택과 판단이 줄어든다. 그러다 보면 수동적인 태도를 형성시키고 이는 탐구를 확장시켜 나가는 힘을 잃어버린다. 동기부여와 성취감이 나선형으로 순환되는 과정에서 각각의 원들의 지름은 학습자의 자존감과 비례하며 원의 넓이는 학습자의 내부에 형성된 의미장의 크기와 비례한다.

초등학교에 입학한 1학년 아이에겐 학교가 아주 넓은 미지의 공간이다. 처음에는 교문에서 시작하여 교실, 화장실, 급식실, 보건실, 도서실 정도로 자신의 공간을 늘려 간다. 학교의 전체 공간이 처음부터 1학년 아이에게 의미를 지닌 공간이었던 것은 아니다. 볼일을 보기 위해, 밥을 먹기 위해, 책을 빌리기 위해, 심부름을 하기 위해 자신의 걸음으로 방문해 본 공간까지가 자신에게 의미를 구성할 수 있는 장이 된다. 마찬가지로 외국어를 배우는 사람에게 외국어로 된 책, 영화, 외국인이 세상에 공존하지만 자신의 의미장 안에 들어와 있지 않다. 자신이 배움의 시도를 통해 조금씩 공간을 넓히고, 그 과정에서 성취감이 있으면 더욱 동기가 부여되고 자존감도 높아져서 의미장 형성의 선순환이 일어나게 된다.

그렇다면 앞의 그림에서 교사는 어느 위치에서 무엇을 해야 할까? 교사는 아이들의 삶과 연결된 문제를 만나게 해 주고, 아이들이 탐구를 격려하여 성공의 경험에 이르도록 도와야 한다. 아이들이 계속해서 탐구의 상황에 마주설 수 있도록 안내하고 스스로 문제를 해결해 나가는 주도성을 북돋우는 역할이어야 한다.

배움을 이렇게 사유한다면 표준화된 배움의 순서, 내용, 범위를 일관적으로 학생들의 삶과 연결시키려는 모든 기획을 반성해야 한다. 학생들이 직접 자신의 공부를 설정하고 해결하기 위해 탐구하고 협력하고 공유하며 성찰을 통해 수정해 나가는 일련의 과정이 필요하다. 배움의 과정에는 학생이 자신의 공부를 결정하고 실행할 수 있는 권리가 포함되어야 하는 것이다.

생성의 교육은 어디로 향하는가

도래할 교육

근대교육은 이데아와 위치를 기반으로 한다. 얼마나 이데아에 가깝게 재현시킬 수 있는가 어떻게 정해진 지점에 위치시킬 수 있는가가 학교교육의 중심이다. 지식은 똑같이 재인되어야 하고, 특정 시기엔 특정 지점에 위치해 있어야 한다. 그러나 이데아는 실재계가 아니다. 위치 또한 평균이라는 허상이 정해준 곳이다.

생성은 무엇이라도 될 수 있는 가변성과 유동성을 놓치지 않는다. 학생들에게 지금 이 순간 벌어지고 있는 장면에 집중한다. 공간화된 개념으로 성장을 멈춰 놓고 평가하지 않는다. 이데아로 환원되지 않는 주체, 평균에 붙들리지 않는 개별자, 고착화되지 않은 지식, 무한한 잠재성의 교육을 꿈꾼다.

미래학자 버크민스터 풀러(Buckminster Fuller)가 제시한 지식의 총량이 2배 증가하는데 걸리는 시간(Knowledge Doubling Curve)을 보면 인류의 지식 총량이 2배 증가하는데 100년의 시간이 걸렸다가 1990년부터는 25년, 2018년에는 13개월, 2030년에 이르면 3일밖에 걸리지 않을 것으로 내다봤다. IBM은 이보다 더 빠르게 2020년에 11시간으로 줄어든다고 얘기하고 있다.

인류는 살아가기 위해서는 얼마만큼의 지식이 필요할까 하는 질문을 오래전에 버렸다. 대신에 자고 나면 두 배로 불어나는 정보와 지식을 어떻게 선별하고 활용할까 하는 고민으로 선회하였다. 그리하여 지식들 사이의 위계와 연관성을 분석하여 구조화하려는 시도가 중요해졌다.

복잡성을 넘어선 사회

세상의 모든 지식을 분석하여 유목화, 위계화하면 기초적이고 핵심적인 개념을 설정할 수 있고 이를 중심으로 구조화하면 어떤 학문이라도 습득하기 수월하다는 논리가 있다.

2015년 개정 교육과정을 구성하고 있는 기본적인 설계도 이와 같은 논리를 바탕에 두고 있다. 빅 아이디어, 핵심 개념, 일반화된 원리, 성취기준으로 위계화하여 내용을 조직하고 있다. 핵심적인 개념을 중심으로 깊이 있는 배움을 통하여 새로운 상황에 전이 가능한 힘을 키우겠다는 의도이다. 이러한 힘은 지식, 기능, 태도 및 가치가 총체적으로 어우러진 것으로써 '역량'이라 정의한다.

　이러한 역량교육에 대해 의심스러운 시선도 많이 있다. 지식은 시대를 막론하여 막강한 힘을 가지고 있기 때문에 중요하게 가르쳐야 한다. 그런데 역량교육은 지식을 소홀히 다루고 문제해결력과 같은 절차적 지식만 강조한다고 비판한다. 논쟁은 차치하더라도 역량이건 지식이건 세상의 모든 지식을 전부 그리고 한꺼번에 배울 수 없다는 것은 분명한 사실이다. 무한한 지식 중에서 '무엇을, 얼마나'를 결정하기 위한 선별 과정은 필수이다.

　무엇이 핵심이고 얼마만큼을 기본으로 판단하느냐는 교육과정에서는 아주 중요한 결정이다. 이에 근거하여 교육과정의 기준과 내용이 채워지기 때문이다. 학교교육을 통해 학습자들이 가져야 할 모습(인간상, 핵심역량, 학교급별 목표)을 설정하고 여기에 필요한 교육 내용을 학교급별, 학년별 내용과 수준을 결정한 설계도가 교육과정이다. 여기에 국가가 개입하여 기준을 제시한다면 법적인 문서로서의 국가수준 교육과정이 된다.

　국가수준 교육과정은 모든 국민을 대상으로 하기에 최대한을 지향하고 최소한을 강제한다. 최소한을 설정하는 이유는 모두의 교육받을 권리를 보장하고 기본적인 학습의 질을 확보하기 위함에 있다. 하지만 최소한이 지나치게 세밀해지면 학습의 안전망에서 장애물로 전락할 우려가 있다.

　앨빈 토플러는 자동차를 구매하니 버튼만 해도 49개나 되고 매뉴얼 책자가 700쪽이 넘었다면서 '잉여복잡성'을 이야기했다.[21] 자동차는 최신 과학의 집성체라고 한다. 모든 과학 기술이 망라되어 있으며 집적된 형태의 결과물이기에 관련 사용법만 설명해도 700쪽은 가뿐히 넘어설 것이다. 하지만 이렇게 많은 설명, 즉 지식들이 자동차를 운행하는 데 필수인 것은 아니다. 운전자가 우선 차의 시동을 걸고 출발하는 방법이 궁금할 것이고, 이후에는 이동과 편의사양 등의 순서로 기능을 익혀나갈 것이다.

생활에서 넘쳐나는 지식 중 무엇부터 얼마나 배워야 할지 판단하는 일처럼 국가수준 교육과정에서 무엇을 얼마만큼 기준으로 제시할지를 결정하기는 쉽지 않은 일이다. 분명한 것은 교육과정이라는 문서가 실제로 구현되는 곳은 학생들의 삶이라는 사실이다. 국가가 학생들에게 필요한 모든 것을 다 규정해서 제공하려는 시도는 배려가 아니라 욕심이다. 지식의 홍수 속에서 추리고, 엮고, 판단하고, 시행착오를 겪고, 성찰하고, 새로운 지식을 만드는 능력은 국가가 아니라 학생이 가져야 할 궁극적 역량이다.

정보의 팽창으로 인한 혼잡과 더불어 다양한 가치와 해석으로 복잡성은 초복잡성으로 고도화된다. 초복잡성(supercomplexity)의 사회는 하나의 사태를 두고 상이한 해석과 판단이 존재한다. 그것도 각각의 해석과 판단이 나름 타당하지만 양립할 수 없다는 특징이 있다. 결국은 세계를 바라보는 틀 자체가 논쟁이 되는 사회이다.[22]

---

21) 한겨레신문 2005년 9월 6일자
22) 이상은(2019). 초복잡성 시대의 새로운 학력관에 대한 철학적 고찰: 바넷(R. Barnett)의 논의를 중심으로. 교육문화연구 25권6호

어떻게 배움의
주인이 되는가

초복잡성의 시대에는 단순히 더 많이 안다고 긍정적인 작용을 기대하기 어려워진다. 이때 필요한 것은 불확실성을 뚫고 자신이 만나는 문제를 해결해 나갈수 있는 창의력, 의사소통능력, 문제해결력 등이다. 또한 다양한 가치와 기준, 해석의 혼잡함 속에서 자신이 판단하고 선택하고 결정한 일에 대한 책임을 지기 위한 자세가 중요해진다.

지금까지 학생들이 혼잡하게 얽힌 길에서 목적지를 찾아 정해진 경로를 따라가거나 최적 경로를 찾는 시대였다면 앞으로 가야 할 길은 사막이거나 바다일 것이다. 이곳은 누군가 지나갔다고 해서 반드시 흔적이 남아 있지는 않다. 어디로든 갈 수는 있지만 아무 곳으로나 가면 위험할 수도 있다. 사막과 바다에서 길을 내는 일은 온전한 낯섦이다. 낯섦의 과정을 겪지 않고서는 새로움에 이를 수 없다. 따라서 우리는 새로움이 낯설지 않은 배움을 이어가야 한다.

유동성과 새로운 변화

우리나라의 빨리빨리 문화와 높은 교육열은 비판의 대상이면서 오늘의 한국을 만들어 낸 숨은 공신이라는 양면성을 가지고 있다. 목적을 위해 과정을 돌보지 못하고 성과에만 집중하는 태도가 문제이지만 그러한 성향이 세계적 유례가 없는 경제 성장의 동력이 되었음은 부정하기 어렵다.

우리나라의 교육열은 미국 대통령마저 부러워해 화제가 된 적이 있었다. 아마 우리나라의 과도한 경쟁이 초래하는 문제점을 몰라서가 아니라 아예 경쟁에 참여할 생각조차 하지 않는 자기 나라의 상황에 대한 안타까움이 빚어낸 결과로 여겨진다. 어쨌든 우리나라의 엄청난 교육열과 무한경쟁 체제는 공과를 따져 볼 필요가 있다.

우리나라 교육 시스템의 막강한 힘은 획일적인 교육과정과 무한 경쟁의 대학입시라는 장치에서 나온다. 대한민국의 모든 초·중학교에서 가르쳐야 할 내용이 동일하고 학년과 학기별로 순서까지 정해져 있다. 또한 학생에게는 국정 교과서를 교사에게는 교사용 지도서를 보급하여 전국의 모든 교실에서 모든 아이들이 동일한 내용을 비슷한 방법으로 배우는 구조이다. 실시와 폐지가 거듭되긴 했지만 일제고사를 통해 획일적인 평가를 통해 한 줄로 세운 적이 많았다.

최종적으로 전국의 모든 학생들이 대학입시를 통해 서열화되고 대학이 곧 사회적 계층으로 고착화되었다. 어느 수험생이 남겼다는 '수능 1, 2, 3등급은 치킨을 시키고 4, 5, 6등급은 치킨을 튀기고 7, 8, 9등급은 치킨을 배달한다.'라는 낙서를 단지 웃어 넘기지 못하는 뼈아픈 현실이다.

이러한 시스템이 지속될 수 있었던 이유는 많은 문제점에도 불구하고 효율성이 탁월했기 때문이다. 국가에서 획일적으로 주어진 교육과정은 단기간에 산업인력을 생산했고, 그 과정에서 '개천에서 용난다'는 사회적 상승을 꿈꿀 수 있었다. 누구든 희망을 가지고 열심히만 노력하면 꿈을 이룰 수 있다는 환상을 심어주었고 성패 여부는 개인의 책임으로 귀착되었다. 유일한 경주로와 하나의 결승점이 존재하는 게임에서 병목과 낙오는 피치 못할 현상이었다.

요즘은 능력주의가 사회적 선으로서의 수명이 다했다. 금수저, 은

어떻게 배움의
주인이 되는가

수저 등 출신에 따라 아무리 노력해도 넘을 수 없는 한계가 분명하고 취준생 10명중 4명이 공시족인 나라[23]에서 학교교육이 더이상 학교 이후의 삶에 변화를 주지 못하는 상황에 이르렀다. 과거의 시스템도 사회적 선의 기준도 더 이상 유효하지 않은 시대가 온 것이다.

지금까지의 공부는 동일성의 재현이 주축이었다. 사회가 제시한 문제는 인류가 축적해 온 지식을 습득하면 해결 가능한 정답이 있었다. 기존에 존재하던 지식을 얼마만큼 효율적으로 습득하여 재현해 내느냐가 관건이었고 우리나라의 교육은 그러한 기능을 곧잘 수행해 왔다. 학교교육을 통해 사람들이 성취하고자 하는 목표도 비교적 단순했다. 아니 단순했다기보다 이미 정해져 있었다. 앞서가는 사람을 따라잡기 위해서는 그들의 뒤를 열심히 쫓아가는 게 가장 손쉬운 방법이었다.

그러나 우리나라의 경제가 성장하고 세계 점유율 1위 수출 상품이 11위[24]인 상황에서 이제 우리가 무작정 쫓아가던 전략은 수정이 필요하게 되었다. 스스로 방향을 찾고 목표치를 설정해야 하는 상황에서는 기존의 방법이 더 이상 유효하지 않게 된 것이다.

거기다가 그간 수면 아래 감춰져 왔던 문제점들이 표면화되기 시작했다. 먹고 살기 다급해 성장에 가려져 있던 학교폭력, 다문화, 인권, 학습격차 등이 학교교육에서 주요 문제로 떠오르고 있다. 사회의

---

23) 임홍택(2018). 90년대생이 온다. 웨일북
24) 한국무역협회 국제무역통상연구원 발표. 2021년 3월 8일

노동인권, 비정규직, 양극화 등과 궤를 같이 하고 있는 것이다.

굳이 초복잡성 사회를 들먹이지 않더라도 이제는 교육에 관련된 모든 것들을 바라보는 시각과 해석이 다양해졌다. 묻혀 있던 목소리들이 들려오고 시선과 목소리를 모을 수 있는 권위들은 중심을 잃고 흩어졌다. 맞고 틀린 절대적 기준이 없어지고 동일한 사건에 대한 상반되는 해석들이 양립하는 시대가 되었다. 자칫하면 뿔뿔이 흩어져 각자도생의 무한책임을 강요하는 사회로 흐를 우려가 커졌다.

지금이야말로 교육이 다시금 힘을 발휘해야 시기이다. 새롭게 변화된 교육을 정립하여 대안을 제시할 수 있어야 한다. 아무도 이루지 못한 성취는 누구도 시도하지 않은 방법을 통해서 가능하다고 했다. 주어져 있던 가치들을 동일하게 재현하는 걸 넘어서야 한다. 고정된 지식, 고착화된 방식에서 벗어나 변화가 가능한 유동성을 만들어 내야 한다. 새로운 시대는 새로운 가치를 필요로 한다. 그러나 이 또한 우리 스스로 끊임없이 탐구하여 찾아야 한다. 바로 지금 이것이 절실한 배움이다.

팬데믹이 가져온 현재하는 미래

인류는 사스, 신종플루, 메르스 같은 여러 차례의 위기를 겪으면서 근본적 대책을 마련하지 못했다. 코로나-19가 발생하자 이 또한 곧 지나가겠거니 했지만 결국 팬데믹으로 이어졌다. 팬데믹은 예고된 미래였고 인류에게 상상을 초월한 영향을 주고 있다. 무분별한 개발욕에 따른 기후위기가 가속화되고 있어 또 다른 팬데믹이 얼마든지 발생할

어떻게 배움의
주인이 되는가

수 있는 상황이다.

코로나는 추측과 상상에서만 뭉그적거리던 일들을 거침없이 시작할 수 있는 트리거로 작동했다. 멍석은 이미 깔려 있었지만 아무도 그 위에서 춤추지 못했었다. 엉거주춤 눈치만 보고 있던 일들이 갑작스럽게 등을 떠밀리듯 멍석에 올랐다.

온라인 개학과 원격수업이 그렇게 등장했다. 원격수업이라는 용어는 이미 초·중등교육법 시행령에 있었고 인터넷과 온라인 수업이 이뤄질 수 있는 플랫폼, 각종 기자재도 일정 부분은 갖추어져 있었다. 하지만 코로나 이전의 일상에서는 원격수업과 화상회의는 선택의 영역이었지 전면적인 활용은 예상하지 못했었다.

코로나-19 감염병이 맹렬한 기세로 팬데믹을 불러오자 세계는 혁명의 테이블에 올려지게 되었다. 혁명은 되돌릴 수 없는 변화를 수반한다. 시급한 상황에서 기약 없는 논쟁은 허용되기 어려웠고 과감한 결정과 민첩한 대응이 필요했다.

모든 경계가 허물어지는 초연결의 시대이지만 비대면이라는 조건을 충족해야 하는 코로나라는 역설의 지점에서 원격수업이 태어났다. 연결되어 있되 마주치지 않아야 한다는 조건은 사회적 윤리와도 궤를 같이한다. 자기가 살기 위해서 타인도 건강해야 하고, 타인의 건강을 배려하는 일이 곧 자신의 건강을 챙기는 일임을 경험적으로 깨우치게 했다. '이타적 이기주의'가 사회적 선으로 자리한 것이다.

원격수업은 온라인과 디지털을 기반으로 한다. 이 세계는 천하통일의 습성을 가지고 있다. 유력한 콘텐츠가 시장을 독식해버리는 1등

만이 살아남는 세계이다. 교육의 영역이라고 다를 바 없다. 소수의 인기 있는 콘텐츠와 플랫폼이 독점적 표준으로 자리잡는다. 그 결과 수업은 획일화의 위험에 놓이게 된다. 그러나 그 틈새에 중요하고 새롭게 등장하는 요소도 있다. 스스로의 학습을 자신만의 속도로, 자신만의 경로를 만들어 갈 수 있는 학습공원(learnining park)[25]이 실현될 수 있는 환경이 등장했기 때문이다.

비대면은 비연결을 뜻하지 않는다. 오히려 연결의 매개체로 플랫폼이나 콘텐츠가 온라인을 타고 끼어들었을 뿐이다. 원격수업은 초연결의 사회의 예정된 흐름이었다. 이타적 이기주의 체험 역시 사람들 사이의 단절이 있다면 형성되지 못하는 윤리이다. 연결이 늘면 늘수록 이러한 사태가 더 강해질 것이다. 온라인에서의 획일화와 그 반대의 학습공원화 역시 모든 게 연결되어 있기에 일어날 수 있는 상황이다. 그러니 연결은 결코 줄어들지 않았다. 팬데믹 시대의 양면성은 한 몸체를 지니고 있었던 것이다.

새로운 삶의 양식은 새로운 가치를 생성한다. 전혀 없었던 가치일 수도 있고 새롭게 중요해진 가치일 수도 있다. 상호의존적 관계 속에서는 공유와 협력이 중요해졌다. 국내외 석학들이 감염병에서 인류가 이기는 길은 전 세계적 연대의 길로 가야 하며 협력과 연대, 상호 신뢰와 투명성 말고 다른 해법을 찾기 어렵다는 주장이 와 닿는다. 더불어

---

25) 2014년 벨기에에서 작성된 보고서에 등장하는 개념. 2030년 미래학교는 다양한 학습환경을 제공하고 학생들은 학습을 촉진하는 교사와 함께 미래를 창조하는 장소가 될 것이라며 '학습공원'이라 명명함. 출처. www.21erick.org

작은 규모의 가치도 주목받고 있다.

규모가 곧 경쟁력인 시대에는 갈수록 덩치를 불리려고 했었다. 학교도 마찬가지로 과밀학급의 여러 가지 문제점에도 불구하고 학부모들은 큰 학교로 쏠렸다. 하지만 코로나 이후 작은 학교가 더 유연한 대처를 할 수 있는 강점을 인정받게 되었다.

생물종의 다양성은 생태계 건강의 척도이다. 다양하지 못한 종은 질병이나 날씨 변화, 천적 등에 의해 단숨에 심각한 타격을 입을 수 있다. 학교가 좀 더 다양한 형태와 내용을 지니고 있었더라면 코로나와 같은 상황에서 해법을 찾기 위한 경우의 수가 늘었을 것이다. 획일적 쏠림 현상을 극복하고 학교와 교육이 건강해지려면 표준을 넘어서야 한다. 표준형 인간, 표준형 학교는 모델로 존재할 뿐 실재하지 않는다. 학교의 교육과정, 학습의 경험들의 표준은 귀납적 종합일 따름이지 하나의 개체로 환원되지 않는다.

배움의 내용도 표준을 넘어서야 한다. 모든 학습자에게는 자신의 잠재성을 발휘하기 위한 경험의 기회가 충분히 주어져야 한다. 기초, 기본 교육은 공공성 차원에서라도 공평하게 제공되어야 한다는 주장에 동의한다. 하지만 이 충분한 기회와 공평한 제공이라는 것이 꼭 동일한 학습경험이어야 할 필요와 특정한 학습을 강요할 수 있는 근거가 될 수는 없다.

의무교육, 기본, 공통과정이라 할지라도 충분히 개별화가 가능하게 유연해야 한다. 이제는 모든 교과, 표준을 다 가르치는 것이 학습자의 권리를 존중한다는 생각을 넘어 학습을 선택할 권리, 나아가 학습하지 않을 권리까지도 존중해야 한다.

학교가 다양해지려면 자율성이 보장되어야 한다. 자율은 어디에서 올까? 규제는 강제될 수 있고 학교는 규제에 적응해 규제를 배울 수 있지만, 자율성은 학교에 강요한다고 배울 수 있는 것이 아니다. 자율성은 스스로 결정하고 실행하는 경험으로서만 길러진다.

국가는 학교를 특정 방향으로 이끌고 모양을 만들어갈 수 있지만, 다각적 방향과 다양한 모양을 원한다면 학교에게 맡겨야 한다. 왜냐하면 자율은 강제에 의해서가 아니라 그 주체 스스로가 결정하고 실행하는 경험을 통해서만 형성되기 때문이다.

학습자 주도성 톺아보기

드디어 주도성에 이르렀다. 스스로 판단하고 실행하고 반성하는 자기 주도성, 함께 협력하고 실천하는 공동 주도성이 예고된 미래, 현재하는 미래를 살아가는 힘이다. 팬데믹 이후의 시대에도 여전히 학교는 희망이어야 하고, 그러기 위해선 자율화와 주도성에서 해답을 찾아야 할 것이다.

뇌의 잠재성과 교육

인간이 지구상 모든 생물 중에서 지금의 위치를 차지할 수 있었던 것은 단연코 뇌를 가진 덕분이다. 인간은 뇌라는 막강한 기관이 있어

어떻게 배움의
주인이 되는가

서 경험하지 않은 사실에 대해서도 상상과 유추를 통해 패턴을 밝히고 법칙도 정립할 수 있다. 우리가 알고 있는 지식들의 상당 부분은 뇌의 이러한 기능에 힘입어 형성되어 왔다.

인간의 뇌가 가진 엄청난 능력에 숨어 있는 많은 비밀들이 최근 뇌과학의 발달로 인해 조금씩 밝혀지고 있다. 뇌의 탄생을 뇌가 규명하려고 하나 뇌가 가야 할 길은 아직 멀어 보인다. 인간은 유독 인지적 영역을 담당하는 대뇌피질이 발달했는데 이는 생명 활동을 담당하는 파충류의 뇌와 감정을 담당하는 포유류의 뇌에 더하여 추가로 가지고 있는 인간의 뇌이다. 출생 후 성장을 그치는 영장류에 비해서 인간의 대뇌피질은 생후 두 살까지 폭발적으로 성장하고 사춘기에 이를 때까지 서서히 성장한다고 한다.

인간의 뇌라고 불리는 대뇌피질의 각 부분이 담당하는 기능이 점차 밝혀짐으로써 학습과학이라는 이름으로 교육에 많은 영향을 주고 있다. 학습에 대한 방법도 과거의 상상과 유추를 벗어나 명쾌한 과학적 증거에 기반하여야 한다는 논리가 확산되고 있다. 사춘기 아이들의 뇌는 공사 중임을 밝혀 생활교육의 관점을 전환시켰고 인지과학의 연구를 바탕으로 정보처리 시스템을 모방한 학습법도 지지를 얻고 있다. 이처럼 뇌의 비밀이 벗겨질수록 교육에 미치는 영향도 점점 커질 것이다.

기호와 사유의 강제성

인간의 뇌가 보유한 가장 큰 힘은 생각할 수 있는 능력, 즉 사유이다. 사유를 통해 상상하고, 유추하고, 창조하고, 반성하고, 축적하는 과정이 지금의 세계를 구성해 왔다. 미셸 푸꼬(Michel Paul Foucault)가 '20세기는 들뢰즈의 시대로 불릴 것이다.'라고 극찬한 프랑스 철학자 들뢰즈는 '사유야말로 생의 새로운 가능성을 발견하고 발명하는 것'이라고 했다.

그는 사유의 위대함을 칭송하면서도 냉철한 통찰을 함께 던진다. 사람이란 본래 사유하기를 좋아하지 않는 존재라는 것이다. 인간은 자발적으로 사유하는 것이 아니라 어쩔 수 없이 강제적으로 사유에 이른다고 했다.

세계는 끊임없이 차이가 반복되어 나타나는 생성 그 자체가 본질이다. 같은 강물에 두 번 발을 담글 수 없는 것처럼 우리에게 다가오는 일들은 매 순간 차이를 생성하며 반복되어 나타난다. 사람이 이 같은 일상을 모두 다 사유해야 한다면 너무나 피곤한 일이라 감당할 수 없다. 사람들은 평소에 사유를 꺼둔 채 습관이라는 지복에 머물러 있길 원한다.

따라서 인간은 사유할 수밖에 없는 상황에 놓여서야 비로소 강제적으로 사유하기 시작하는 것이다. 이처럼 사유가 필요로 하는 강제적인 난입을 기호(signe)라고 부르며 사유는 오로지 기호와의 만남을 통해서만 가능하다고 했다.

사유가 강제된 결과라는 사실을 불편해하는 사람들이 있을 것이다. 특히 교육에 종사하는 사람들은 동의하기 어려운 부분이 있을 것 같다. 철학의 어원이 지혜에 대한 사랑이며 사람은 늘 호기심과 도전

정신으로 세상을 개척해 왔다고 학교에서 가르치고 있다. 인간의 탐구가 강요에 의한 것일 수도 있다는 논리는 수긍하기 어려운 노릇이다.

그리고 무엇보다도 내가 지금 생각하고 있다는 것은 사실이지 않은가? 데카르트(René Descartes)의 코기토(cogito)처럼 의심할 수 없는 사실은 생각하고 있는 나라는 존재이니 말이다. 당장이라도 생각하고 싶으면 생각할 수 있는 것은 의심의 여지가 없는 분명한 사실로 보인다. 내가 생각하고 말고는 나의 자유의지에 관한 문제이지 외부의 뭔가에 기대고 있지는 않다고 생각할 것이다.

그러나 이러한 생각들은 인간이 자유의지를 가지고 있다는 전제 위에 성립한다. 인간에게 과연 자유의지가 있는가 하는 문제는 철학자들의 오랜 숙제였다. 상반되는 주장이 지금도 이어지고 있다. 자유의지가 있다면 왜 아직도 세상에는 불합리와 억압이 존재하고 있으며 최상의 모습을 갖추지 못하고 있는가 하는 의문을 설명하지 못한다. 반대로 자유의지가 없다면 세계는 결정론으로 치닫게 되고, 그 누구도 자신의 행동에 대해 책임질 필요가 없는 사태가 일어나게 된다. 물론 자유의지가 있더라도 법은 의도는 처벌하지 않고 결과만 처벌한다. 자유의지가 행동으로 실행되지 않거나 실행되기 전의 의도까지는 사유의 영역이다. 이 사유의 영역은 아무런 강제성이 없어 보인다.

하지만 우치다 타츠루(內田樹)는 이렇게 말한다. '내가 말을 하고 있을 때 말을 하고 있는 것은 엄밀하게 말하면 내가 아닙니다. 그것은 내가 습득한 언어 규칙이고 내가 몸에 익힌 어휘이며 내가 듣고 익숙해진 표현, 내가 아까 읽었던 책의 일부입니다.'[26]

우리는 지금도 자유의지로 생각하고, 말하고, 행동한다고 생각하지만 엄밀히 따지고 보면 지금까지 내게 들어와 있는 정보들, 나를 둘러싼 환경과 완전히 차단된 상태가 아니므로 온전히 순수하지 못하다는 사실을 잊고 있다는 점을 일깨워준다.

더불어 고쿠분 고이치로(國分功一郎)는 자유의지가 불가함을 다음과 같이 말한다. '의지는 절대적인 시작이고자 하기 때문이다. 그리고 회상을 방기하는 것은 바로 사고를 방기하는 것이다. 왜냐하면 사람은 그때까지 자신이 수취해온 다양한 정보에 접근하지 않고서는 뭔가를 사고할 수 없기 때문이다.'[27]

자신을 구성하고 있는 모든 기억과 과거가 새겨놓은 흔적들을 부정하고 아무것도 없는 절대적인 시작이어야만 자유의지가 가능하다는 말이다. 절대적인 시작이란 없으므로 자유의지 또한 제한적일 수밖에 없다. 고로 인간의 자유의지는 존재하지 않는다고 말할 수 있다. 존 듀이도 학습은 선행하는 경험에 덧대어 새로운 경험이 포개지는 점을 강조하여 경험의 계속성이라 불렀다.

고이치로는 계속해서 말한다. '자유의지나 의지를 부정하는 것은 자유를 추구하는 것과 전혀 모순되지 않는다. 자유가 스피노자가 말하듯 인식에 의해 초래하는 것이라면 자유의지를 신앙하는 일이야말로 우리가 자유로워지는 길을 막아버린다고까지 말하지 않을 수 없

26) 우치타 타츠루. 교양인을 위한 구조주의 강의. 이경덕 역(2010). 갈라파고스. p79
27) 고쿠분 고이치로. 중동태의 세계 의지와 책임의 고고학. 박성관 역(2019). 동아시아. p247

어떻게 배움의
주인이 되는가

다. 그 신앙은 있지도 않은 순수한 시작을 믿기를 강요하며 우리가 사물이나 사건을 있는 그대로 인식하지 못하게 방해하기 때문이다.[28]

역설적이지만 인간은 절대적인 시작이어야 하는 자유의지를 지니고 있지 않기에 자유롭게 사유할 수 있는 것이다. 다시 말해 우리는 자발적으로 사유할 수 있는 것이 아니라 사유를 강제하는 기호와의 만남에 의해서 비자발적으로 사유하는 것이다.

'비자발적 사유'를 신지영은 이렇게 긍정했다. '사유가 비자발적으로 시작되어야만 자발성의 의도와 목적으로부터 자유로울 수 있다. 비자발적으로 시작된 사유는 종착지를 예견할 수 없다. 그것은 미지의 세계이기 때문에 내가 가는 길이 곧 첫 길이요, 창조이자 새로움이 탄생이 될 것이기 때문이다.[29]

들뢰즈는 스스로를 초월론적 경험론으로 부르며 아무것도 전제하지 않고 발생을 끝까지 캐묻는 경험론적 시도로 초월론적 철학을 재개념화하고자 했다. 철학자들은 주로 합리론과 경험론의 두 가지 입장에 서서 해답을 찾아왔다. 합리론에서는 사유하는 주체가 있다고 전제하고 경험론에서는 주체가 구성된 것으로 파악한다.

하지만 그는 어떠한 전제나 가정을 두지 않는다. 모든 것의 발생을 묻는 지난한 사유를 밀고 나간다. 그리하여 마지막까지 사라지지 않고 남아 있는 사유의 전제를 기어코 찾아낸다. 그것을 사유의 이미지

---

28) 위의 책 p314
29) 신지영(2009). 내재성이란 무엇인가. 그린비. p42

라고 부르며 이는 어떤 사유를 전개하는 데 기본적으로 가정하고 있기 때문에 올바른 사유에 이르는데 장애가 된다고 여겼다.

그는 철학을 개념을 창조하는 일이라고 정의한다. 개념을 창조하기 위해서는 이질적이고 의문을 느끼게 하는 질문과의 만남이 있어야 한다. 사유할 수밖에 없도록 하는 질문이니 강제적이다. 기호와의 만남을 통한 강제적 사유를 통해 도달하고자 하는 곳은 새로움이 창조되는 지점이다. 그러니 교육에서 힘써야 할 일은 학생들이 기호와 만나게 하고 사유를 펼쳐 새로움을 창조해 나가게 하는 일이다.

기호를 방출하는 대상은 책의 저자처럼 사람일 수도 있고, 어떤 사건일 수도 있으며, 어떤 물건일 수도 있다. 중요한 것은 이들과의 만남에서 해독하고 해석해야 할 기호를 민감하게 느낄 수 있어야 한다.

한마디로 배움이란 기호에 대한 감수성[30]인 것이다. 제빵사는 밀가루에 대한 감수성을 가지고 있어야 하며, 교사는 아이들에 대한 감수성을 가지고 있어야 한다. 배운다는 것은 물질에 대한 감수성을 바탕으로 기호를 해독하고 해석하여 기호의 수용자가 되는 것이다.

당연히 기호에 대한 민감성과 취향은 사람마다 다를 것이다. 밀가루에 감수성을 가진 아이, 옷감에 감수성을 가진 아이, 돌에, 나무에, 동물에… 어떻게 개별적 아이들이 기호를 만나게 하고 그들만의 해석의 공간을 열어가게 하느냐가 교사의 숙제가 된다. 한 가지 분명한 것은 똑같이 주어진 교육과정보다 스스로 만들어 가는 교육과정이 아이

---

30) 들뢰즈, 초월론적 경험론, 안 소바냐르그, 성기현 역(2016), 그린비 p206

어떻게 배움의
주인이 되는가

들이 기호를 만나기 유리할 것이란 사실이다.

강제성과 주도성의 변주

어떻게 하면 기호와의 만남을 가질 수 있을까? 들뢰즈는 기호는 해독되어야 한다면서 배움의 이론을 제시한다. "우리는 '나와 마찬가지로 하시오(fait comme moi)'라고 말하는 자에게 무엇도 배울 수 없다. 우리에게 유일한 교사는 우리에게 '나와 함께 하시오(fait avecmoi)'라고 하는 자이고, 이 교사는 우리가 재현하도록 몸짓을 제공하는 대신 이질적인 것 속에서 전개하도록 몇몇 기호를 발할 수 있는 자인 것이다."[31]

'나와 마찬가지로 하시오'는 동일성의 재현(being)을, '나와 함께 하시오'는 차이의 생성(becoming)을 의미한다. 전자는 사실적 지식의 전달, 시범 보이기, 선창과 후창처럼 교실에서 흔히 발견되는 익숙한 교육 방법이다. 후자는 교사가 학생을 어떤 사례 속으로 인도하고 자신도 기호에 대한 응답을 실제로 보이면 이것 역시 기호로 작용하여 학생은 자신 나름의 '기호와의 만남의 공간'을 만들어 낸다는 것이다.

김재춘과 배지현은 이 부분을 '수영을 가르치는 교사는 학생이 따라야 할 몸동작을 보여주기보다 학생과 함께 수영해야 하며, 외국어를 가르치는 교사는 학생들에게 모방할 언어를 제공하기보다 학생과 함께 외국어를 말해야 한다.'[32]라고 주장한다. 그렇게 하여 '학생과 함

---

31) 고쿠분 고이치로(2015). 고쿠분 고이치로의 들뢰즈 제대로 읽기. 동아시아. p105 재인용

께 하는 교사의 배움 행위가 바로 학생들을 가르치는 행위로 작용한다고 볼 수 있다'는 것이다.

이 사례들은 기호와의 만남을 주선하는 교사의 예에 해당되긴 하겠으나 강력함이 부족하다는 느낌이 든다. 필자는 그보다 학생들을 흔들 수 있는 텍스트, 불편을 느끼게 하는 문제 상황 등이 더 적합하다고 생각한다. 어쨌든 중요한 것은 배움이란 가르치는 자와 배우는 자의 이항대립을 깨고 함께 성장해야 한다는 사고의 전환이다.

들뢰즈는 기호와의 만남을 조직화하는 또 하나의 방법을 제시한다. '진위의 판정은 질문에 대한 대답에 있어서가 아니라 질문 그 자체에 관해 행해져야만 한다.'[33]고 말하며, 질문에 대한 정답만 찾으려는 행위는 스스로의 예속만 낳을 뿐이고 '참된 자유는 질문 그 자체를 결정하고 구성하는 능력 속에 있다.'[34]고 했다. 이 역시 교사가 문제를 내고 학생은 문제의 정답만 찾으려는 고정된 사고와 동일성만을 재현하는 교육을 다시 생각하게 한다.

사유는 생의 새로운 가능성을 발견하고 발명하는 힘이지만 자발성이 아닌 기호와의 만남이라는 강제성을 통과해야 한다고 했다. 그리고 '나와 함께 하시오.'라며 학생의 사유를 촉진하는 교사의 역할이 중요하다고도 했다.

여기서 의문이 생긴다. 강제성을 통과하여 시작한 사유는 어떻게

---

32) 김재춘 배지현(2016). 들뢰즈와 교육. 학이시습
33) 위의 책 p106 재인용
34) 위의 책 p107 재인용

어떻게 배움의
주인이 되는가

해서 문제 자체를 구성하고 실천을 이어갈 수 있을까? 다시 말해 사유의 시작은 강제성이 열었지만 그 이후를 지속하는 힘은 무엇일까? 하는 궁금함이 생긴다. 들뢰즈는 배움은 주관적인 행위이므로 학생들이 배움을 어떻게 이어갈지는 알 수가 없다고 했다. 이 말은 어쩔 수 없이 있는 그대로를 수용해야만 한다는 말일까? 그건 아닐 것이다. 여기서 스토아 학파와 니체로 이어져 온 '긍정'의 철학이 힘을 발휘한다.

학생이 기호와의 만남을 해독하여 자기 나름의 공간을 만들어 가는 것이 배움이므로 스스로 결정하고 성찰하는 힘은 필수이다. 학생이 배움의 상황을 긍정하지 않고 멈추거나 회피해 버린다면 어떠한 새로움을 창조해 나갈 수 없다. 이때의 긍정이란 있는 그대로를 무조건적으로 수용하는 의미가 아니다. 먼저 문제를 분석하여 진단하고 그에 따른 해결책을 찾는 적극적 행위이다. 이것이 바로 자신의 삶을 긍정하는 '아모르 파티(Amor fati)'이다.

김재인은 아모르 파티를 들뢰즈 실천철학의 지침으로 여기며 다음과 같이 정의한다. '내 노력이 바라던 결과를 낳는다는 보장은 없습니다. 목표를 향한 노력이 원하는 결과를 낳지 않는 것이 존재론적 조건 아래에서는 오히려 정상입니다. 따라서 우리는 노력하는 순간에 집중해야 합니다. 노력했지만 결과가 좋지 않았다고 할 것이 아니라 결과가 나쁠지라도 최대한 노력하는 겁니다. (중략) 노력과 결과를 분리하는 일은 쉽지 않습니다. 하지만 그래야 합니다. 노력은 최선을 다하되 결과는 무조건 수용하기, 그리고 나서 최선을 다한 또 다른 실험을 진행하기. 이런 것의 연속이어야 이것이 삶이어야 하는 게 운명애

의 진짜 의미입니다.'[35]

뜻대로 실현되지 않는 게 우주의 이치이고 세계사가 지금까지 보여준 진실임을 자각하고 매 순간 최선을 다해 실험하기, 그 결과를 겸허히 받아들이기, 그리고 또 다른 시도를 도모하는 삶이 '아모르 파티'이다. 삶을 긍정하고 끊임없이 실험을 이어가는 힘이야말로 잠재된 역량을 끌어올려 새로운 창조를 가능하게 할 것이다. 여기서 등장하는 힘이 곧 배우는 이의 주도성이라고 본다.

의지에 기초한 자발적인 사유를 부정해야 자유로운 사유가 가능한 것처럼 주도성에도 역설이 존재한다. 자기 주도성은 누구나 어떤 상황이든 아무 일에나 미리 주어져 있는 게 아니다. 애초에 주어져 있지 않고 적절한 조건이 갖춰져야 발생하므로 비주도적이라 할 수 있다. 비자발적 사유가 자발성이 지닌 의도에서 자유로울 수 있는 것처럼 비주도적 탐구는 주도적 탐구가 전제하고 있는 가정을 넘어서 새로움을 생성할 수 있다.

행위 주체성의 철학적 탐구

'OECD Education 2030'에서는 학습 나침반(learning compass)을 제시하며 우리가 원하는 미래로 항해하는 방법을 보여주는 틀을 보여주고 있다. 이 틀의 가장 중심에 학생 주체성(student agency)을 위치시켜 강조하고 있다. 학생 행위주체성의 핵심을 '새로운 가치 창출하기',

---

35) 김재인(2016). 혁명의 거리에서 들뢰즈를 읽자. 느티나무책방. p188

어떻게 배움의
주인이 되는가

'긴장과 딜레마 조정하기', '책임감 갖기' 를 바탕으로 한 변혁적 역량(transformative competency)으로 보았으며 궁극적으로 개인과 사회의 웰빙을 추구해야 한다고 주장한다.

우리나라에서는 학생 행위주체성(agency)은 '학습자 주도성'과 동일한 것으로 보는 견해가 대체적이다. 지금껏 학습자 주도성은 '자기주도적학습' 등의 사례에서와 같이 주어진 과제를 수행하기 위해 자신의 학습량을 설정하고 점검하는 전략을 이르는 경우가 많았다. 한국에서 자기주도적학습은 '목표설정-수단선택-실행-평가'의 네 단계를 모두 자기가 주도하는 것이 아닌 대부분 자기관리학습일 뿐이며 공교육에서 자기주도적학습을 훈련할 수 있는 방법으로 배울 과목을 선택해야 한다는 주장[36]도 있다.

고교학점제에서 보듯 공교육에서의 선택이란 선택 교육과정, 선택 교과 등과 같이 이미 설정되어 있는 대상 중에서 일부를 취하는 행위를 넘어서지 못한다. '주어진 과제'라는 시작은 학습자 주도성으로 온전히 이어지기에 부족하다. 학습자가 스스로 문제를 설정하고 목표도 잡고 방법을 시도하여 그 속에서 성찰을 통해 수정해 나가는 일련의 과정으로 확장되어야 한다. 문제를 해결하는 일보다 문제 자체를 결정하고 구성하는 능력이 중요함을 잊지 않아야 하겠다.

학습자 주도성에 대한 교육현장의 수용은 온도차가 크다. 학생들

---

36) 이범(2021). 문재인 이후의 교육. 메디치미디어

의 역량을 무한 긍정하며 적극적으로 동의하는 사람들에서부터 학생들에게 필요 이상을 위임하여 교육적 책무를 소홀히 하게 된다고 걱정하는 목소리까지 다양하게 펼쳐진다. 주도성이 가지고 있는 다소 헐렁한 개념을 명확히 해 둘 필요가 있어 보인다. 그래야 학습자 주도성을 보장하는 것은 어디까지인지, 어떤 방법이어야 하는지 합의에 이를 수 있다.

인간의 자유의지에 관한 부분은 앞의 글에서 논의한 바 있다. 학습자의 배움을 온전히 학습자에게 맡겨 두는 주도성이라면 모든 책임은 학습자에게 돌아간다. 잘한 것은 물론 못한 것도 자신의 책임이고 지금의 상태에 처한 것도 다 자신의 책임이다. 무한한 책임 떠밀기는 양극화를 정당화해주고 더 부추길 뿐이다. 반대로 배움의 세계가 오로지 원인과 결과라는 필연성으로만 흐른다면 새로움이 발생할 여지는 없다. 학습자도 자신이 배움에 전혀 개입하지 못하고 흐름에 맡길 수밖에 없다. 어차피 변할 건 없으니까 교육은 무의미한 행위로 전락한다. 또한 배움의 세계가 우연과 우발적인 요소에 필연적으로 좌우한다면 이는 곧 숙명론적인 사고와 다를 바 없다. 필연이 결정하는 세계나 우연이 결정하는 세계나 학습자의 설 자리가 없기는 마찬가지이기 때문이다.

주도성은 필연이냐 우연이냐, 능동이냐 수동이냐, 자유냐 예속이냐 하는 흑백논리로 접근하면 안 된다. 자유의지에서 이야기했듯 인간은 삶이 본래 이렇다. 인간은 능동적이면서도 수동적인 힘에 항상 노출되어 있다. 그렇지만 수동적인 것과 우발적인 것을 긍정하고 어떻게 대응할 것인가에 각자의 삶이 달려 있다.

행위주체성 혹은 학습자 주도성은 수동성의 긍정을 바탕으로 한 제한된 능동성임을 인식해야 한다. 우리는 가능성의 환상에서 깨어나야 한다. 교육에서 가능성은 언제나 결과론적이다. A라는 일이 발생했을 때 B라는 일이 생길 수도 있었다는 사후적 관점이다. 다시 말해 가능성은 어떤 일이 생긴 이후에서야 발생되며 A와 B라는 분기와 그중에서 하나는 배제해야 성립하는 상상의 세계이지 실재 세계가 아니다.

이 세계에서는 후회와 질책이 뒤따르고 말 그대로 가능세계이기에 인간으로서 어쩌지 못하는 절대적 힘을 찾게 된다. A를 한 것은 나이지만 B를 할 수 있는 것은 내가 아니니까 말이다. 가능성의 교육은 실재 세계를 그대로 대면하지 못해 참된 배움에 이르기 어렵다.

이와 달리 들뢰즈는 잠재성의 현행화[37]의 관점을 제시한다. 잠재성은 엄연히 존재하고 있던 각각의 요소들의 특성들이 무리지어 일정한 임계점을 넘으면 현실로 나타나므로 '분자적-몰적'이라는 개념으로도 쓰인다. '잠재의 현행화는 정립적 행위들을 통해 자기에게 고유한 현행화의 선들을 창조해야만 이루어진다. 잠재는 자신의 힘을 밀어붙임으로써 새로운 현행들을 정립하고 새로운 현행들을 창조하는 방식으로만 실재한다. (중략) 잠재는 주체다.[38]

'잠재가 주체이고 고유한 현행화의 선을 창조해 나간다' 이것이 교

---

37) 버추얼, 현동화, 현실화, 등으로 번역됨
37) 버추얼, 현동화, 현실화, 등으로 번역됨
38) 김재인(2021). 초기 들뢰즈의 베르그손주의. 그린비 해제 초고. p16

육에 있어서의 주도성을 가장 잘 표현해 주는 말이다. 잠재성은 아직 현실로 나타나지 않은 여러 방식을 포함하고 있다. 이 차원에 접근해 야만 현실을 점령하고 있는 각종 상징과 기표로부터 벗어나 새로운 사유와 창조가 가능하다. 각자의 잠재된 역량을 마주하는 것에서부터 일어나는 배움은 각각의 선을 그려 낸다.

그러나 동일성을 최고의 가치로 하여 유사한 정도에 따라 위계를 정하는 방식은 동종교배일 뿐 새로운 가치를 만들어 낼 수 없다. 주어 진 과제, 정답이 정해진 문제 이전에 더 심연에 있는 잠재성과 마주하 는 일이 참된 사유와 자유를 실천하는 학습이다.

행위주체성과 주도성을 잠재성-현행화의 개념에 상응시켜 보면 주도성의 특성들을 유추해 볼 수 있다.

첫째, 잠재성의 뇌관을 작동시키려면 적절한 자극과 개입이 필요 하다. 분자적으로 흩어져 있는 특이점들이 몰적으로 구성되기 위해서 는 자신의 내적인 힘은 물론 주위와의 상호작용이 동시에 요구된다. 교실에서는 '나와 마찬가지로 하시오'라는 전달과 재현보다 '나와 함 께 하시오'라는 교사의 상호작용이 필수적이며 주도성을 이끌어 낼 수 있는 가장 효과적인 방법이다. 주도성은 평온히 소유하거나 양도할 수 있는 대상이 아니라 개인의 고유성과 다른 사람은 물론 세계와의 교류를 통해 구성되어지는 것이다.

둘째, 주도성이 구성되어지는 것이기에 살아가면서 계속해서 진 화할 수 있다. 거꾸로 생각하면 학습자들은 나이와 경험에 따라 각자 나름의 발달성을 가지고 있다. 나이가 어려서, 기초 지식이 부족해서 주도성을 기대하기 어렵다는 말은 무효한 논쟁이다.

셋째, 학생이 기호와의 만남의 공간을 만들어 가는 배움은 주관적인 행위임을 기억할 것이다. 기호와의 만남을 시작으로 예상-실행-성찰을 순환하여 자기만의 공간을 만들어 가는 주도성은 방향이 정해져 있지 않다. 주도성은 학습자에 따라 비정형의 고유한 경로를 만들어 낸다.

넷째, 주도성이 발현되는 개인의 행위주체성에 매몰되다 보면 개별 학습자에게 지나친 재량과 책임을 주는 오류에 빠질 수 있다. 학습의 시작과 과정과 결과를 개인에게 맡겨 각자도생으로 흐르게 되면 메리토크라시에 의한 양극화에 명분을 줄지도 모른다. 가만히 생각해 보면 사회에서의 개인의 행위주체성을 키우는 일이라면 타자의 존중과 공존은 필수이다. 만약, 주도성이 배타적인 성질이라면 특정 개인의 주도성이 커질수록 누군가의 주도성은 위축되기 마련이다.

하지만 주도성은 개인과 주위의 상호작용에 의해 구성되어진다는 점과 점증적으로 발달하는 점을 볼 때 여기에 관여한 모든 사람은 함께 영향을 주고받을 수밖에 없다. 교사의 배움 행위가 학생을 가르치는 행위로 작용하는 경우처럼 한 사람의 주도성을 키우는 행위는 타인의 주도성을 일깨우는 작용을 하게 되므로 주도성은 공동의 집단이 가지는 특성이라고도 이해해야 한다.

배움은 주관적 행위이다

학습자 주도성의 중요성에 대해서는 모두가 한 입으로 동의를 하는 편이다. 하지만 누구에게나 적용될 수 있는지에 이르면 의견이 갈리는 모양이다. 학습에 있어 자기 주도성은 모든 사람에게 적용 가능하다는 쪽과 그렇지 않다는 쪽으로 크게 나뉘고 후자는 개별적인 특성이나 발달 시기를 기준으로 다시 나뉜다.

자기 주도성은 뇌과학의 측면에서 메타인지를 관장하는 전두엽이 발달하는 사춘기 이후에 적용해야 한다며 시기에 따라 적용하자는 주장과 학력이 어느 정도 갖춰진 성취도가 높은 학생에게 유리한 방법이니 선별적으로 사용해야 한다는 주장이 있다.

메타인지는 자신이 뭘 알고 모르는지에 대해 아는 것을 말한다. 메타인지에는 학습 기술, 기억력 및 학습 모니터링 능력이 포함되며 명시적으로 가르칠 수 있는 것으로 알려져 있다. CCR(Center for Curriculum Redesign)에서는 21세기 교육 프레임을 제시하면서 지식, 기능, 인성을 아우르는 메타인지의 역할을 중요하게 다룬다. 어느 의견이 옳고 그르냐를 따지는 것보다 이러한 주장들이 어떤 결과를 가져오는지에 대해 살펴볼 필요가 있다.

주도성을 존중하는 학습이 발달 단계에 따라 어느 정도 성숙한 시기에 이뤄져야 한다면 초등학생들에게는 기회가 주어지기 어렵게 된다. 초등학생은 미숙하고 불완전한 존재이므로 주도성을 인정하기보다 계획적이고 체계적인 관리가 더 효과적이라는 주장이 힘을 얻게 된다. 스스로 문제를 찾고 해결하려는 의지가 약하므로 흥미를 외부에서 자극하고 공부거리를 쥐어주어야 한다고 주장한다. 교사가 계획해서 만들고 동기가 부여될 수 있도록 가공해 주어야 하며 이 과정에서도 적절한 지도와 점검이 필요하다는 것이다.

그런데 아이들을 가만히 관찰해 보면 동기부여가 강력하면 이후의 실행과 성찰에서는 적절한 피드백만 있어도 끝까지 밀고 나가는 몰입의 장면을 보여준다. 아이들의 외부에서 시작하여 자극을 주고 동기를 부여하고 지속적으로 지도하고 점검해 나갈 필요가 없다. 아이들은 각기 취향과 선수학습의 정도, 신체적 특성, 환경이 다르기 때문에 동일하게 설정된 자극으로 모두의 동기부여를 이끌어 낼 수 있지도 않다. 오히려 아이들의 내부에서 시작하여 개별적 흥미, 관심, 의문, 질문을 확장하고 정교화해서 자신들의 학습을 펼쳐 내게끔 도와주는 것이 현명한 방법이다.

학생의 학습에서 자기 선택권, 자기 결정권과 만나게 되는 지점이다. 과연 우리는 지금까지 학교에서 학생들에게 얼마만큼 스스로 배움에 대해 선택하고 결정할 수 있는 경험을 제공하였는가? 우리가 준 선택에서 사지선다형처럼 정해진 정답 고르기 이상의 선택이 존재했을까? 학생의 활동을 몇 개 중에서 고르기, 그것도 선택이 경합되면 가위바위보로 결정하기, 교과의 차시 수업에서 일찍 마친 아이들이 심화활동 몇 개 중에서 하나 고르기 이 정도 사례 외에 또 뭐가 있을까?

어릴 때부터 자기가 선택하고 결정하는 기회를 많이 가진 아이들이 커서도 그런 성향을 유지하리라는 것은 당연하다. 주도성이란 것이 어느 날 갑자기 툭 튀어나오는 게 아니다. 유아 청소년 시기는 뭔가 부족하고 미성숙하며 미완이며 불완전하다는 생각이 지배적이다. 그렇지만 이는 상대적인 생각일 뿐이다. 마치 엄마에게 아들은 영원히 아들로 머물러 있는 것처럼 말이다. 학교에 있는 사람들은 안다. 초등학교에 첫발을 디딘 1학년 신입생이더라도 불과 며칠 전까지 유치원에서 가장 의젓한 형이었다는 사실을. 아이들의 성장도 상대적인 개념이고, 미숙하고 어리다는 생각도 상대적인 개념일 뿐이다. 아이들 모두는 각자에게 지금이 어제보다는 성숙한 날이고 내일보다는 미숙한 날이라는 사실은 변치 않는다.

학습자가 주도하는 학습은 어느 정도 성장 단계에 도달했거나 성취도가 우수한 집단에 유리하다는 주장에 대해 살펴보자. 시기적으로는 대략 전두엽이 발달하는 사춘기 전후라고 학습과학을 빌어 주장한다. 이러한 주장에 동의하기 어려운 이유는 차고 넘친다.

첫째, 상당히 정치적인 발언이 될 수도 있다는 점이다. 특정 시기와 특정 사람에게는 특정한 방법의 교육이 필요하다는 명분을 줄 수 있다. 단적으로 사춘기 이전의 초등학교 저학년은 학생이 되는 첫 관문으로 중요한 시기인데 학습자 주도성을 경험할 기회는 배제될 우려가 있다. 또한 넌 어리니까, 아직 초등학생이라서 등의 이유로 특정 학습 방법을 강요받는다면 학습권, 인권 측면에서도 문제가 발생할 수 있다.

둘째, 뇌과학, 인지과학이 밝혀 내고 있는 사실들을 부정하지는 않지만 그렇다고 과신해서도 안된다. 과학이 인류에 기여해 온 바는 매우 크지만 절대적 지식이라고 믿었던 과학적 사실이 또 다른 사실에 의해 무너지는 경우를 겪어 왔다. 그중에서도 크게 전환되는 시기를 패러다임이라고 부른다. 과학에서의 상상은 엄밀히 말하면 무한상상은 아니다. 과학이라는 학문의 특성상 한계가 설정되어 있지 않으면 가능하지 않기 때문이다.

예를 들어 과학은 빛의 속도 이상을 상상하지 않고, 절대 영도 이하를 상상하지 않는다. 실험에서도 모든 상황을 특정 조건하에 통제해 두어야 가능한 영역이 많다. 과학의 세계에서는 변인통제가 가능한 영역이지만 철학의 세계에서는 한순간이라도 멈춰져 있는 세계는 없다고 본다. 철학은 무한 상상을 하고 과학은 그중에서 증명할 수 있고 법칙으로 고정화할 수 있는 한계 내에서만 작동한다. 과학은 로켓을 달의 표면으로 보낼 수는 있지만 시간을 거꾸로 돌리지는 못한다.

교육은 과학의 영역이기도 하지만 철학이 필요한 영역이다. 아이들은 이미 생명을 갖는 순간 하나의 우주이다. 모든 학생들은 그 자체로 n개의 우주인 셈이다. 우주의 태초인 빅뱅은 처음에는 아주 미약하겠지만 무한히 팽창하는 힘을 가지고 있다. 아이들은 아이들 나름의 주도성을 가지고 있지 않다는 과학적 증거는 없다.

셋째, 우리가 경험적으로 알고 있는 사실에 배치된다는 점이다. 학습자 주도성에 대한 정의는 조금씩 다를 수 있겠지만 자기 스스로 학습을 계획하고 실행하고 성찰하는 과정을 지속할 수 있는 힘이 필요하다는 점에는 동의할 것이다. 이 능력은 일정한 시기가 되어야 갖출 수 있기에 아무에게나 적용하지 못한다는 논리는 자기모순이 있다. 일정한 시기가 되어야 갖추는 능력이라 할지라도 시작이 있어야 하고 발현되기까지 연습의 과정이 있어야 한다. 근본 없는 능력은 존재하지 않는다. 아이들은 실패를 나무라지 않고 계속해서 기회를 주면, 믿어주고 기다려주는 만큼 자존감이 높아지고 성장한다는 것은 대단한 이론 없이도 경험적으로 알고 있는 사실 아닌가?

메타인지는 전두엽에서 관장한다는 과학적 사실과 성취도가 높은 아이들에게서 자기 주도성이 활발히 일어난다는 특성을 부인하지는 않는다. 메타인지, 성취도, 자기 주도성 그 어느 것도 고아가 아니다. 아무리 어려도 위에서 열거한 특징들은 그 배아를 가지고 있으며 일생을 통해 발달해 가는 것을 아는 게 더 중요하다. 메타인지의 경우만 해도 그렇다. 수천 년 전 공자는 '아는 것을 안다 하고 모르는 것을 모른다 하는 것 이것이 아는 것이다(知之爲知之 不知爲不知 是知也)'라고 했다. 성인이라 불리는 공자를 따르는 제자들도 이렇듯 평생을 거쳐 메타인지를 성숙시켜 가는 것이다. 어디 그뿐인가? 자신이 모르고 있다는 사실을 아는 것이 곧 철학임을 평생을 통해 설파하는 테스형(소크라테스)은 또 어쩔 텐가?

기성세대들은 대부분 자기 주도성을 허락받지 못한 사회에서 자랐다. 몸에 밴 습성과 다른 주장을 받아들이기가 쉽지 않다. 자로 잰 듯 꼼꼼하게 재단하고 지시하고 측정하고 매기던 일의 효율성을 의심하기란 더욱 쉽지 않다. 이만큼 살게 된 것도 다 기성세대 덕분임을 부정하지는 않는다. 다만 그때는 맞더라도 지금은 틀릴 수 있다는 점

어떻게 배움의
주인이 되는가

을 받아들여야 한다. 예측 가능한 미래에서 검증되었다고 볼 수 있는 경로를 따라가면 성과를 얻을 수 있는 시대는 저물고 있다. 불확실하고 한없이 복잡해지는 세상에서 스스로 경로를 탐색해 가야 하는 지금의 아이들에게 중요한 것이 과연 무엇일까?

배움은 주관적인 행위이다. 아무리 외적 강화와 통제로 많은 지식과 기능을 습득시키더라도 자기화되지 않으면 무용지물이다. 결국 배움의 서사를 자신의 신체에 새기는 것은 자신이어야 한다는 말이다. 사람이나 내용에 따라 배우는 속도와 방법은 개별적인 영역에 속한다. 새로운 자극이 외부에서 주어지더라도 개별적 신체와 만남을 거쳐야 하고 각자의 신체에 일어나는 변용을 자기화하는 일들은 지극히 주관적이다. 학교에서 지금까지 동일한 척도로 재단해 온 이유는 옳다고 동의해서 그렇게 해 온 것이 아니라 어쩔 수 없이 차선으로 해 온 일이다. 어른들이 원하는만큼 속도와 결과가 나오지 않더라도 아이들이 스스로 선택하고 찾는 행위는 고귀하다. 그렇게 해야 아이들의 신체에 남고 다음의 배움을 이어가게 하는 힘이 자라기 때문이다. 학교를 떠나 더이상 끌어주는 존재가 없는 세상과 마주칠 때를 생각하면 과연 어느 것이 더 학생을 위한 길인지 생각해 보아야 한다.

성장은 생성이다

단어가 지닌 의미는 고정되어 있지 않다. 앞뒤로 위치한 단어에 따

라 의미가 달라지고 발화의 높낮이 음색에 따라 뉘앙스가 달라지기도
한다. 역사적으로는 시대에 따라 의미가 가감되거나 선호도가 변화
하고 단어에 혼재되어 있던 다중적 의미 중에서 특정 의미가 강조되
기도 한다. 단어와 구절은 독립된 객관성을 지니지 못한다. 각 단어는
객관적 정체성을 지닌 존재가 아니라 다른 단어와 발화자와 상황에
의해 규정되고 해석되는 것이다.

자주 사용하는 단어와 표현에서 그 사람의 성향이나 특정 사회적
정서를 읽을 수 있다. 최근 들어 교육 현장에서 성장이란 말을 사용하
는 사람들이 늘고 있다. 이전에는 성장과 발달이 늘 함께 사용되었다.
청소년의 성장과 발달이 그 예이다. 사전적 의미로 성장은 동식물의
자람이나 규모와 세력의 커짐을 일컫고, 발달은 신체, 정서, 지능의 성
숙과 학문, 기술, 문명 따위의 현상이 보다 높은 수준에 이름을 지칭
한다. 교육에 있어서도 성장은 신체적인 영역에, 발달은 사회적, 정서
적, 인지적 영역에 통상적으로 사용해 왔다.

성장을 크기와 같은 양적인 의미에서 발달, 향상, 성취의 가치를
담은 의미로 옮겨간 이유를 생각해 본다. 가장 큰 영향은 교육을 바라
보는 관점이 개별적인 수준을 향상시킨다는 수동성에서 생성적 자람
이라는 통합적 능동성으로 전환되고 있기 때문으로 보인다. 발달은
옳고 그름이 미리 설정되어 있기에 가고자 하는 지점이 뚜렷하며 그
과정도 고정되고 위계화된 경향이 있다. 그에 비해 성장은 생성의 특
성상 방향이 고정되어 있지 않고 주위 환경과의 상호작용에 따라 비
선형적인 특징을 가지게 된다.

어떻게 배움의
주인이 되는가

생명이 DNA로 연역되지 않듯이 성장에는 타고난 유전자 외에도 무수한 변수가 있다. 유전자가 가진 내적 정보뿐 아니라 유전자간 연결과 상호작용이 만들어 내는 다양한 맥락에 따라 예측할 수 없는 경로를 만들어 간다. 미리 프로그램화된 유전자의 명령에 따라 똑같은 단계를 거쳐 생명을 이어왔다면 지금의 세상은 존재하지 않았을 것이다. 더러는 우발적으로 경로를 이탈한 유전자가 새로운 개체적 특질을 만들어 온 것이 진화의 역사이다.

교육에서 성장이란 정해진 길을 따라 예정된 종착지로 귀결되는 홈패인 삶이 아니라 자신을 규정하고 있는 정체성을 뚫고 나와서 자신에게 없었던 새로운 힘을 상상하는 열린 삶이라고 본다. 그러자면 상상할 수 없는 것의 경계까지 사유가 닿아야 하며 그 곳에서 새로움을 포착할 수 있는 능력을 가져야 한다. 자신을 변화시키기 위해서는 고착화된 습관과 관념에서 벗어나 이질적인 요소와의 만남이 필요하다.

이질적 만남을 통해 A가 B로 될 수는 없다. 만약 그런 시도를 하더라도 모방에 그칠 뿐이다. 성장은 A에서 A′로 변해 가고 상호작용하는 B 역시 B′로 변해 가는 과정에 있다.

거기에는 단지 변화해 가는 과정만이 있다. 작가 김훈의 된장찌개에 관한 사유에서 잘 드러난다. '된장찌개 국물은 된장과 여러 건더기들의 삼투와 종합으로 이루어진다. 그 국물은 된장도 아니고 개별적인 건더기도 아닌 어떤 새로운 창조물이다. 거기에 깊이가 드리워진다. (중략) 건더기는 그 고유한 맛을 국물에 내어주고 나서도 건더기로서의 독자성을 유지하고 있어야 한다. 그때 건더기는 국물의 스밈에

의해 새로운 맛의 건더기로 신생하는 것인데 이 조화 속에서의 독자성은 아름답다.[39]

A에서 A′로 변하는 과정이 성장이다. A는 B가 되지 않으면서 정체성의 변화를 A는 독자성을 유지하면서 B의 정체성을 수용할 수 있다. 수레를 끄는 말은 경주마보다 소에 가깝다고 했다. 역량은 '무엇이냐'가 아닌 '무엇을 할 수 있느냐'가 정체성을 결정짓는 요소이다. A가 B를 소유하려 들거나 A에 머무는 것은 역량이 아니다. 만남을 통해 나의 삶과 세계를 변혁해 나가는 존재(A′) 되기가 역량이고 성장이다.

가 보지 않은 길은 낯설고 유동성이 크기에 불안한 여정이다. 그것이 두려워 고정관념과 습관에 매달려서는 제자리걸음을 벗어나지 못할 것이다. 거꾸로 자신의 신념만 고집하며 성찰 없이 달려간다면 출구를 찾지 못하고 헤맬 것이다. 끝없이 자신을 포획하려 드는 예속, 허위, 습관으로부터 탈영토화할 수 있는 힘이 학습자 주도성이라고 생각한다. 이 힘을 기르자면 학습자가 사막과 바다에 서서 지도를 만들어가는 경험이 매우 중요하며 꼭 필요하다.

나는 철학자들이 걸어간 길을 동경한다. 자명하다고 믿고 있는 어떤 것도 끝까지 소급해서 사유를 밀고 나가 발생을 묻기, 거기에 자리하고 있는 사유의 이미지[40]를 파헤치기, 그리고 재정의하기, 이윽고

---

39) 김훈 (2010). 라면을 끓이며. 문학동네
40) 어떤 이론이나 주장의 토대로 전제된 것으로서 누구나 알고 있고 동의하고 있다는 암묵적인 조건

어떻게 배움의
주인이 되는가

아무런 전제 없이 새로운 사유를 펼치는 일을.

근대교육이 시험대에 올랐다. 그동안 지속적인 경고에도 불구하고 실천적 대안을 만들어 내지 못한 기후위기와 감염병이 임계점을 넘어 팬데믹을 불러왔다. 우리나라의 학교도 아이들이 없는 침묵의 봄을 보내고 여름이 되어서야 온라인 개학이라는 초유의 사태를 맞았다. 여전히 함께 상호작용하는 살아가는 학교의 소중함을 공감하게 되었지만 학습의 내용과 방법 그리고 교사 역량의 재개념화를 요청받고 있다.

지그문트 바우만(Zygmunt Bauman)은 현대를 하나의 시대와 또 다른 시대 사이의 불안정과 혼란의 시대라면서 인터레그넘(interregnum)으로 명명한다. '옛 방식이 빨리 노화하고 더 이상 작동하지 않는데 새로운 활동은 개발되지 않은 상태'에 놓여 있다고 말한다.

새로운 시대에 적합한 교육과정을 만들기 위해 작업을 진행하고 있다. 그러나 교육과정의 특성이 고시로 된 문서이기에 아무리 변화하는 사회에 발맞추고자 해도 문서와 적용 사이에서 발생하는 거리를 막지 못한다. 여기서 들뢰즈의 통찰이 빛을 발한다. '사회는 조금씩 새로운 사태와 조우한다. 그 때문에 법은 그것이 무엇에 어떻게 적용되는지가 사전에 명백하지 않은 채 그 모든 체계가 적용된다. 시니피앙(법 규칙)과 시니피에(그 적용 대상) 사이에는 반드시 불균형이 존재하며 이 불균형이야말로 사회변혁의 동인'[41]이라고 말한다. 더불어 세상에

---

41) 고쿠분 고이치로

서 끊임없이 생성되는 차이를 무시하고 고정된 세계로 묶으려는 모든 시도를 파시즘으로 규정한다.

교육과정에서 문서와 현실 사이의 거리를 인정하고 학교와 교실, 교사, 학생 수준에서 끊임없이 생성되는 차이를 긍정하는 길은 학교 현장의 자율화와 맞물려 있다. 고착화된 지침과 표준화된 실행에 집착하지 말고 현장을 신뢰할 수 있어야 한다. 자율화를 바탕으로 현장에 잠재된 역량들이 자유롭게 현행화되어 교육과정의 충실로 순환되는 구조를 마련해야 한다.

지금까지의 교육과정이 인지적 지식과 개인의 사회화에 쏠릴 수밖에 없었던 구조라면 이제는 학생들의 삶과 다양성으로 균형을 갖출 필요가 있다. 교육과정이 지역과 사람에 따라 다채롭게 적용될 수 있고, 정해진 절차와 목표가 아니더라도 학생이 스스로 경로를 개척해 나갈 수 있어야 하며, 무엇보다 지식의 소유를 넘어 세상을 이롭게 하는 새로운 가치를 창출할 수 있어야 한다. 이러한 배움을 꿈꿀 수 있는 구도가 '생성 교육'이다.

교육은 지질학의 시간

모든 개념은 자신이 존립하기 위한 어떤 면을 필요로 한다. 개념들은 시간이 지나면서 새로운 요소들이 추가되거나 기존의 요소에서 버려지는 부분들이 발생하기 마련이고, 그 정도가 임계점을 넘으면 위치하고 있던 면에서 더이상 존립하지 못해 버려지거나 새로운 면을 형성하여야 한다. 그 과정에서 개념들은 특정 요소들이 강조되어 나타나기도 한다.

교육이라는 대개념 아래 학교, 교육과정, 수업과 같은 하위 개념들도 시대와 환경에 따라 지속적인 변화를 겪고 있다. 동시대에 있음에도 위치와 사람에 따라 개념은 용어라는 이름으로 결을 달리하고 있다. 교육이라는 개념의 역사는 교육사가 아닌 교육의 시간이라는 지질학적 시간[42]이다.

교육에 대한 사유와 지식이 시간순으로 박제화되어 있는 교육사와는 달리 교육의 시간은 지층처럼 포개진 개념들이 침식되고 융기하고 절단이 일어나는 지질학의 시간이다. 과거의 개념이 지층을 뚫고 올라와 표면의 지층과 만나기도 하고 침식과 풍화로 새로운 면이 드러나기도 한다. 드물게는 엄청난 압력과 열로 용암이 되어 지층의 구분이 없어지는 다이어그램적 전환이 일어나기도 한다.

4차산업혁명, 기후위기, 팬데믹 등 심상찮은 변화가 감지되고 있다. 이미 깊숙이 들어온 문제이지만 받아들이기 두려워 애써 외면하고 있는 일이기도 하다. 지금은 교육의 시간에서도 개념적 대전환이 필요한 시점이다.

그럼에도 불구하고 현장의 대응은 'ㅇㅇ형', 'ㅇㅇ중심' 등의 용어

---

42) 질 들뢰즈와 과타리는 『철학이란 무엇인가?』라는 책에서 이전과 이후를 다루는 협소한 역사적 관점을 거부하면서 철학사와 철학의 시간이라는 지질학적(stratigraphique) 시간을 구별하였다.

에 머물고 있어 안타깝다. 학생 참여형 수업, 인성중심수업 등의 사례에서 보듯 이런 용어들은 특징을 강조하거나 한정하는 역할이다. 수식어처럼 덧붙여진 어휘는 정작 강조되어야 할 이어지는 어휘의 의미를 희석시킬 뿐 핵심에서 비켜서게 한다. 차곡차곡 쌓여져 온 교육의 사유와 실천들을 선별하고 절단하고 녹여서 어떤 변화에도 대응할 수 있는 가변성과 유동성을 만드는 시도가 이어져야 한다.

[생성의 교육]

우리의 시도는 '생성 교육'이다. 생성은 누가, 무엇을, 어떻게 세 가지 측면에서 의미를 풀어볼 수 있다. 누가에 대한 대답은 '주도성을 지닌 학습자'이다. 학생이 아니고 학습자라고 한 데는 이유가 있다. 학생은 가르치고 배운다는 이항적 대립이 필요한 용어로서 가르치는 교사와 배우는 학생이라는 고정된 역할을 지시한다. 학습자는 배움을 구하는 자 모두를 포함하므로 학생은 물론 교사도 포함한다. 넓은 의미에서는 학부모나 지역사회의 사람도 포함되므로 모든 사람이 학습자라 하겠다.

배움이라는 행위는 가르치고 배우는 일의 경계 너머에 있다. 교사와 학생 모두가 성장하는 과정이 배움이다. 모두가 학습자로 평등해지는 배움의 세계는 절대적인 무언가에 의해 규정되지 않고 각자의 주도성이 조화를 이루는 자기정립적인 곳이다.

따라서 생성의 학습자는 각자의 생존을 위해 바다 위 널빤지나 사막의 낙타 등을 찾는 표류자도 방랑자도 아니다. 전체가 규정되어 있는 부분으로서의 퍼즐도 아니다. 마치 모자이크처럼 자신만의 색깔과 모양을 유지한 채 타인들과 함께 더 큰 세계를 창조해가는 주체인 것이다.

'무엇을' 생성해야 하는가에 대한 답변은 '새로운 가치'이다. 학교는 개인의 사회화라는 역할을 실현하기 위해 과거의 지식들을 끝없이 전수해야 한다. 학교의 교육과정은 대부분 과거의 지식을 조직화한 전통적인 교과가 차지하고 있다. 얼마나 많은 지식을 효율적으로 전달하고 있는지가 곧 교육의 성과로 받아들여져 왔다. 하지만 기하급수적으로 늘어나는 지식량으로 인해 과거의 지식을 지금처럼 전수하는 것이 가능하지 않게 되었다. 여전히 인류가 축적해 온 지식이라는 거인의 어깨에 올라서야 한다. 다음 세대가 딛고 서서 더 멀리 내다볼 수 있는 어깨가 되기 위해서는 새로운 가치를 만들어야 한다.

생성의 교육은 동일한 표준을 어떻게 재현해 낼 것인가보다 어떻게 다른 변화가 생겨나는지에 관심을 둔다. 얼마나 많은 지식을 알고 소유하고 있는지가 아니라 이를 활용하여 어떤 가치롭고 새로운 지식을 창출해 내는가를 소중히 한다. 교육과정에 핵심역량이 도입된 이유도 이와 다르지 않을 것이다. 새로운 교육은 새로운 지식과 가치를 생성해 낼 수 있어야 한다. 그리고 그러한 여정은 한 갈래로 유일해서는 안된다. 길을 잃은 아이를 다시 정해진 길 위에 세우기보다 또 다른 길을 만들어 감으로써 세상의 길을 늘려 갈 수 있다는 사고의 전환이 필요하다. 그래야 세상에 새로운 가치를 더해 갈 것이다.

어떻게 하느냐는 앞으로의 행위이고 우리가 만들어 가야 할 미래의 문제이므로 답변을 미리 갖고 있지 않다. 다만 지속적으로 예상하고, 탐구하고, 실행하고, 성찰하고, 수정하는 과정이어야 한다는 것이 우리의 출발점이다. 주어진 여건에서 가지고 있는 역량으로 미래를 예측하고 문제를 설정하고 해결을 위한 실행을 위해 끝없이 노력하는 것이 삶을 살아가는 자세라는 것은 굳이 OECD의 A-A-R [예측(Anticipation)-행동(Action)-성찰(Reflection)]을 거론할 필요없이 모두가 동의할 수 있는 전략이다.

들뢰즈는 혁명을 말하는 데 있어 역사적 층위와 사유의 층위를 구별했다. 역사적 층위는 상대적인 층위로서 개별적으로 만나는 구체적인 현실이다. 여기에서는 성공과 실패를 장담하지 못한다. 개별적이고 역사적인 층위에서의 혁명은 완결이 아닌 성공, 배반, 쇠퇴를 거듭한다. 그렇지만 이러한 혁명은 포기되지 않고 이어진다. 개별적 혁명을 계속해서 밀고 나가는 절대적 층위로서의 혁명의 사유가 있기 때문이다. 현실이 억압적일수록 억눌린 힘이 응축되어 있는 잠재성의 지대가 있다. 잠재성은 아직 실현되지 않았지만 특정한 조건이 갖춰지면 언제든 현실로 변할 수 있다. 여기에 사유를 집중하고 더욱 공고히 하라고 했다.

생성 교육에는 고정된 방식, 정형화된 절차는 애초에 없다. 정해진 경로를 따라가는 것이 아니라 사막과 망망대해에 보이지 않는 길을 만들어 가는 배움이어야 한다. 매 순간 방향을 찾고 판단과 선택을 하고 길을 가보고 실패를 즉시 수정하고 또다시 실행에 나서는 과정의 연속이 배움이다. 어떤 이는 체계적이지 못하다고 불만스러워 한다. 단번에 갈 수 있는 길을 둘러서 가자는 게 아니다. 지금껏 보이지 않았던 길을 찾는 길이며 없었던 길을 내는 일이다. 또다른 이는 교육에 너무 질서가 없다고 불안해한다. 하지만 세상에 무질서란 없다. 무질서란 바라지 않았던 질서이거나 발견하지 못한 질서일 뿐이다. 세계는 열려 있지만 이미 주어져 있지는 않다. 우리가 배움으로 확장하는 만큼만 나타날 뿐이다.

무기가 없는 예언자는 멸망한다.
- 마키아 벨리, 군주론 -

PART 2

PRACTICE

배움을
실천하다

학생을 배움의 주인으로 세우기 위한 실천 사례들이다. 2010학년도 도교육청 정책 공모의 제안을 시작으로 2021학년도 학생 생성 교육과정 정책이 실현되기까지 과정을 시간 순으로 서술했다. 선생님들과 지속적으로 실천해 온 '수업 에세이 쓰기'도 함께 실었다.

순	학년도	명칭	실천 내용		비고
1	2010	학생 개별 학점제	경북교육청 정책 제안 및 선정		
2	2018	학생 학점제	학교 실천	수업 에세이 쓰기	도개초등학교
3	2019	학생 자율 학점제	지역청 특색교육 선정 학교 실천		구미교육지원청 도개초등학교
4	2019	학생 자율 과정	경북교육청 정책 연구		
5	2020	학생 자율 시수	교육부 정책 연구		
6	2021	학생 생성 교육과정	경북교육청 정책 도입		덕촌초등학교

학생 개별 학점제

학교 교육과정에 이어 학년 및 학급 교육과정에 대해 논의가 이루어지던 시기였다. 교사수준 교육과정으로도 불리웠고 학교 교육과정을 학년이나 학급수준으로 실현하여 학생들이 실제로 만나는 교육과정이었다. 아쉽지만 여기에도 학생수준 교육과정[43]은 찾기 힘들었다. 국가수준에서 지역(시·도)단위를 거쳐 학교와 학년(학급)까지 교육과정 편성·운영의 주체가 확장되었으나 정작 가장 중요한 학생은 주체화되지 못하고 대상에 머물렀다. 이 사이에 존재하는 경계는 여타의 국가와 지역, 지역과 학교, 학교와 학급(교사) 사이와는 성격이 달랐다.

---

43) 여기서 학생수준 교육과정은 국가수준 교육과정이 학생에게 펼쳐진 층위를 말하는 개념이 아니라 학생이 중심이 되어 만들어 가는 교육과정의 의미이다.

학생은 미리 만들어진 교육과정을 주는 대상이 아니라 스스로 교육과정을 만드는 주체가 될 필요성을 담아 교육청에 정책으로 제안하였다. 당시 제목은 '학생 개별 학점제(Personal Credit)'로 학생이 수업시수의 일부를 스스로 설계하고 실행하여 인증을 받는 내용이었다. 우리나라 교육과정의 이수 여부는 수업 일수와 시수를 기준으로 삼기에 모든 시수는 철저히 관리되어 왔으므로 학생들에게 시수의 일부를 내어주자는 시도는 시기상조였다. 물론 동의하는 다수의 교사와 실천에 옮기고 있는 일부의 교사들이 있었고 정책적 아이디어로 인정은 되었지만 실제 학교현장에 적용하지는 못했다.

학생들이 교육과정의 대상에서 주체로 전환되어야 한다는 점과 더불어 학생 개별 학점제를 제안한 배경은 하나 더 있었다. 학생들의 배움을 학교 바깥으로도 확장할 필요가 있었다. 당시 주 5일제 수업이 도입되는 시기여서 주말 등을 이용한 학교 밖 기회가 늘어나고 있었다. 학교 안과 학교 바깥의 실생활을 연결할 수 있는 배움이 보다 값진 것이기에 오히려 학교 바깥의 활동을 교육과정과 연결하는 시도가 필요하다고 생각했다. 학교를 중심으로 한 바깥의 활동은 현장체험 정도가 전부였기 때문이었다. 요즘으로 치면 학교자치와 지방자치의 연결, 공교육과 평생교육의 연결이라는 아젠다로 이어질 부분이었다.

교육청에서 우수정책으로 선정이 되었지만 실제 현장에 실현되지는 못했다. 제안 내용을 간추리면 다음과 같다.

학생 개별 학점제(Personal Credit)			
개념	학생 스스로 계획하고 실천한 학습 활동을 인증을 통해 교육과정 이수 시간으로 인정해 주는 학생 수준 교육과정		
대상	초등학교 3학년 이상 권장		
영역	창의적 체험활동		
시간	주 1시간 내외		
절차	단위학교 인증 심사위원회 - 학생 수준 교육과정의 범위 제시(학년 초) - 학생 수준 교육과정의 계획 승인(학기 중) - 학생 수준 교육과정의 지원(학기 중) - 학생 수준 교육과정의 인증(학기말) 담임교사 - 계획 수립, 피드백 - 학교 심사위원회에 계획서 및 결과물 인증 요청 - 이수 시간 인증, 생활기록부 입력		
예시	개인	〈독서로 파워 블로거 되기〉 - 한 학기 이상의 독서 계획을 수립 - 책을 읽고 후기를 누가 기록 - 웹을 통해 친구, 교사, 부모, 다른 블로거 등과 교류함. - 지속적인 활동과 평가를 통해 피드백 - 블로그의 결과물을 통해 이수 인증 여부 심사	- 교사는 조력활동 및 점검과 최종 승인을 함
	동아리	〈음악 동아리〉 - 교내외에서 동아리를 자발적으로 구성 - 지속적인 학습 및 연주회 참가 등 활동 - 발표회나 연주 및 활동 결과물을 통해 이수 인증 여부 심사	

지금 보면 창의적 체험활동에 한정하여 예시의 내용이 교과와 창체를 아우르는 포괄적인 학습을 제시하지 못하고, 인증에 이르는 절차가 관리 위주인 점 등 여러 가지 미흡해 보인다. 결국 우수 제안으로 선정되었지만 정책으로 구현되지 못했다. 그때 학교 현장에 적용하였더라면 개선 보완을 통해 지금쯤 일반화될 사례가 만들어지지 않았을까 하는 아쉬움이 남는다.

어떻게 배움의
주인이 되는가

학생 자율 학점제

학생 개별 학점제(Personal Credit)는 2019학년도에 이르러서야 지역 교육청의 특색교육으로 자리를 잡았다. 기대감과 의구심이 팽팽하게 대립한 가운데 숙의를 거쳐 특색교육으로 지정하고 시범학교를 모집해 운영하여 시행착오를 개선해 나가기로 했다.

이미 실천을 하고 있던 면단위 소재의 작은 초등학교 1곳과 추가로 시내에 위치한 중간, 대규모 학교가 참여하여 총 3개교가 운영하였다. 안타깝지만 중학교는 참여를 희망하는 학교가 없어 운영하지 못했다. 이때의 명칭은 특색교육으로 지정하는 논의 과정에서 '학생 자율 학점제'로 변경되었다.

주요 내용을 살펴보면 다음과 같다.

학생 자율 학점제	
목적	- 학생 수준 교육과정의 실현 - 역량 함양을 위한 자기주도적학습력 신장
개요	- 대상: 관내 초등학교 3학년 이상, 중학교 - 학점(시간 수): 15시간당 1학점, 연간 최대 2학점(학기 중, 방학 중 각 1학점) - 영역: 독서, 탐험, 스포츠, 진로, 예술 등

계획	➡	승인	➡	수행	➡	인증
학생 계획 수립		학교 승인		학생 실행		학생 학점 인증
영역, 활동 단위 계획서 작성		담임 검토 학교장 승인		학생 수행 교사 피드백		인증 심사 학교장 인증

학교급/학년		내용	단위
초등 학교	3, 4학년	- 연간 15시간(교과 및 창제시간) - 교육과정 재구성을 통한 프로젝트형 - 학생수준 교육과정 설계에 기반한 통합수업	학교 및 학급
	5, 6학년	- 학기당 15시간 - 교육과정 내(교과 및 창체) 15시간 확보 - 정규 교육과정 시간외 15시간 이상 활동	학급 및 동아리
중학교	자유 학기	- 교육과정 수립시 학생 학점제 시간 배려 - 학기내 15시간 개별 계획 수립 및 활동 - 학교 안, 학교 밖 활동 계획 인증	동아리 및 개인
	일반 학기	- 창체 시간 및 교육과정 이외의 시간 합산하여 15시간 이상 확보 - 학기당 15시간 운영	

2019학년도에서 2020학년도까지 2년간 지역교육청 특색교육으로 이어졌지만 현장에서 확산이 쉽지는 않았다. 많은 교원들이 직접 만나서 이야기를 나누면 충분히 공감하고 동의했다. 하지만 국가교육과정 및 각종 정책에서 요구하는 내용만 해도 교육과정의 과부하가 발생하여 여력이 없다고 했다.

간혹 우리나라 국가 교육과정은 아주 자세하고 촘촘하게 만들어졌으므로 학생들이 교실에서 어떠한 교육과정을 생성한다고 해도 이미 국가 교육과정 속에 다 들어 있다는 말을 하는 분도 있었다. 그럴 때면 그 말을 역으로 생각해 보라고 권했다.

국가 교육과정이 이미 모든 것을 품고 있다면 학생들은 그 어떤 교육과정을 생성해도 문제가 되지 않는다는 말과 같다. 즉 'Everything is nothing' 이라는 자기 모순에 빠지는 것이다. 학교교육의 최소한의 수준을 담보하기 위해 상세화를 추구했던 국가 교육과정이 이제는 그 이상을 넘지 못하도록 작용하고 있어 '바닥이 천장이 되어버린' 상황이다.

불행 중 다행으로 2020년 코로나 팬데믹이 원격수업이라는 초유의 길을 열었다. OECD 2030에서 그토록 강조하던 학생 행위주체성(agency)에 사람들이 관심을 가지기 시작했고 학생이 주도하는 학습과 이를 지원할 수 있는 교육과정이 주목을 받기 시작했다. 드디어 2021년 경북교육청에서 '학생 생성 교육과정'으로 정책이 도입되어 선도학교를 모집하여 운영을 시작했다.

세상에 없던 학교를 꿈꾸며

문제는 현장이다. 아무리 매력적인 구호이고 명분 있는 선언이더라도 현장에서 사례를 만들어 내지 못하면 헛된 망상에 그친다. 교사에겐 교실이 현장이고 수업이 생산물이다. 설명이 불필요하고 토론이 무의미하도록 증명해야 했다. 동의를 구하고 합의에 이르는 길은 그다음이다. 매일같이 모여서 의논하고 함께 공부했다. 지난한 도전과 시행착오를 거치며 세상에 없던 학교가 가능하다는 신념을 가지기에 이르렀다.

가치 공유하기

조직이 함께 가지고 있는 가치의 여부는 그 조직의 미래와 직결된

어떻게 배움의
주인이 되는가

다. 공유된 가치는 구성원들을 한 데 묶어 주고 나아갈 방향을 제시해 주며 열정을 북돋워 주는 매개체이기 때문이다. 학교는 국가와 교육청의 지시를 이행하는 기관이라는 생각에서 구성원의 상호작용을 통해 학교교육을 주체적으로 수행하는 조직이라는 관점으로 전환하면서 학교에도 비전, 핵심가치, 전략 등의 용어가 낯설지 않게 되었다.

학교에는 모든 사람들이 암묵적으로 기대하는 일반적인 가치가 있고, 고시로 된 국가 교육과정이 제시하는 가치와 개별 학교가 역사적으로 축적해 온 고유의 가치도 전통이라는 이름으로 이미 존재하고 있다. 거기다가 지금도 일부 학교의 교육과정 문서에서 학교장 경영관이 포함되어 있는 곳을 볼 수도 있다.

이런 상황에서 또 다른 가치를 설정하자고 하면 혼란만 부추기는 행위가 될 우려가 크다. 사립학교가 아닌 이상 학교구성원도 수시로 바뀌게 되니 학교의 핵심가치를 설정하는 과정이 수월하지 않다. 학교에 따라 전체 구성원 설문조사를 하기도 하는데 구성원이 바뀔 때마다 설문조사를 하고 학교의 핵심가치도 바뀌어야 하는지 의문이다.

학교가 비전과 가치를 공유하는 일은 매우 중요하지만 이미 내재하고 있는 가치를 드러내는 일이 중요하다고 생각한다. 그것은 겉으로 드러나거나 문서화되지 않았더라도 어딘가에는 존속하고 있다. 학교의 전통이나 분위기에는 그 구성원들이 소중히 여기고 있는 부분들이 포함되어 있는 것이다. 그래서 누구든 새 학교에 가면 한 학기 정도는 묵묵히 관망하며 지내는 것이 관례처럼 되어 있다. 이 과정에는 겉으로 아무렇지 않게 보여도 속으로는 그 학교의 고유문화를 찾아

내고 자신과 조화를 이루기 위한 미세한 움직임이 끊임없이 일어난다. 기존의 질서와 문화를 존중하면서 새로운 구성원의 생각이 새 학교와 접목되어가는 변화가 일어나는 시간이다.

도개초등학교는 농촌의 작은 학교들이 가지고 있는 전형적인 모습들을 가지고 있었다. 학급당 10명 이내의 적은 학생 수, 스쿨버스, 쾌적한 환경, 여유로운 학교 예산 등에도 불구하고 학생 수가 줄어들어 언젠가는 학교가 문을 닫을지 모른다는 불안을 안고 있었다. 학교 규모가 너무 적어도 교육이 정상적으로 이뤄지기 힘들게 된다. 또래 아이들간의 적절한 상호작용이 부족하고 최소한의 인원이 있어야 하는 여러 가지 활동들이 제약을 받게 된다.

선생님들과 학교를 적정한 규모로 유지할 수 있는 장기적인 대책이 필요함에 공감하고 방법을 찾기 위한 노력을 이어나갔다. 비슷한 학교에서 시도해 왔던 우수사례를 도입하기도 했다. 6개월의 시간이 흐르고 새 학년도를 시작할 무렵 학교의 비전과 가치가 선명해지기 시작했다. 이벤트와 같은 일회성 행사, 복지 지원을 통한 학생 모집은 효과가 없고 교육적으로도 무가치하다는 데 의견을 모았다. 이 학교가 아니면 할 수 없는, 꼭 이 학교이어야만 하는 대체불가한 교육과정을 만들어 보자는 결론에 이르렀다.

학교마다 표준화, 획일화된 교육과정, 학년과 학기 그리고 차시까지 규정되어 있는 틀, 학생들이 자신의 배움에 대한 결정권이 배제된 상황을 변화시켜 보자고 의견을 모았다. 학교의 비전은 '세상에 없

어떻게 배움의
주인이 되는가

던 학교'가 되었고 학생들의 슬로건은 '내 공부는 내가 정한다!'가 되었다. 학생들이 스스로 만들어 가는 교육과정인 '학생 자율 학점제'를 위해 절차를 마련했다.

설계-수행-공유-성찰

학생 자율 학점제를 실행하기 위해서는 현행 교육과정 편제와 조화가 필요했다. 교과와 창의적 체험활동의 영역과 최소시수를 준수해야 했고 성취기준에 따른 학습 내용도 고려해야 했다. 무엇보다 학생이 생성하는 교육과정이 학교 교육과정으로서 엄격성을 확보하기 위해서는 학교 내 공개적인 검증 절차가 있어야 했다.

전체 실행 과정을 '설계-수행-공유-성찰' 4단계로 구성하고 설계 이후에 학교교육과정위원회의 승인 절차를 거치도록 했다. 또한 현재의 교육과정 체제에서는 학생이 스스로 교육과정을 생성할 수 있는 여백이 없으므로 별도로 편성된 학생 자율 학점제 시수의 이수 여부를 결정하는 승인 절차를 최종 단계에 두었다.

학생 자율 학점제는 기본적으로 현행 교육과정의 교과와 창의적 체험활동의 성취기준 및 시수를 재구성하여 전체 수행에 필요한 시간의 일부를 확보하고 나머지 시간은 교과별 20% 증감이나 순증을 활용해 확보하였다. 한 학기당 15차시, 연간 30차시 내외로 편성하는데 주당 1시간을 기준으로 삼았다.

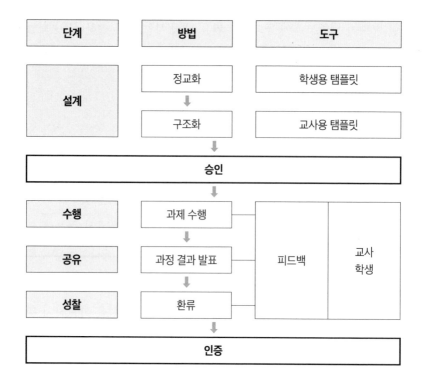

학생 자율 학점제라는 용어에 있어서 초등학교와 중학교는 의무 교육인데 학점제라는 'Pass or Fail' 제도가 타당한지에 대한 의문을 제기받기도 하였다. 최초의 용어는 '학생 학점제'였으나 좀 더 학교와 학생의 선택을 존중한다는 의미에서 자율이 추가되었고, 학점제 용어에는 두 가지 의미가 담겨 있었다. 첫째는 앞으로 교육과정의 이수 기준이 수업일수, 시수가 아니라 학점이 될 것이라는 예상에서 중학교의 자유학기제, 고등학교의 고교학점제 등과의 연계를 위한 개념이었다. 둘째는 현행 교육과정에서 학생 자율 학점제는 별도로 추가된 단원 형태의 미니 교육과정이기 때문에 하면 좋고 안 해도 무방한 일종의 Credit의 개념을 담았다.

경험이 가치에 선행한다

학교의 변화는 구성원들의 변화와 궤를 같이한다. 소통과 협력이 잘 이뤄지는 학교 구성원들의 모습을 '으쌰으쌰'라는 의성어로 표현한다. 변화에 성공적인 학교들을 살펴보면 생각이 비슷한 사람끼리 약속해서 특정 학교로 모이는 경우와 무작위로 모인 사람들이 소통과 협력을 통해 사례를 만들어 가는 경우가 있다.

전자의 경우 상이한 관점을 조율하는 노력을 덜 수 있다고 생각하기 쉬우나 학교교육과 관련한 일은 개별적 사안에 따라 의견이 나뉘는 경우가 많으므로 어차피 생각을 모으는 과정이 생략되긴 어렵다. 따라서 어느 경우든 구성원들이 생각을 모으는 일, 가치를 공유하는 일은 구성원들이 공통적으로 가지는 실천이라는 경험 이후에서야 가능해진다.

가치의 공유란 결코 경험에 선행하지 않는 것이다. 그래서 '공유된 가치'는 한 번이라도 거저 주어지지 않고 상호작용과 조화를 위한 노력의 결과물이다. 바로 여기에 학습공동체의 역할이 있다. 가치란 이미 주어져 있어 그중에서 취사선택하는 것이 아니라 서로가 고민하고 실천하고 성찰하면서 다듬어 내는 것이다.

이 학교가 아니면 할 수 없는 대체불가한 교육과정을 만들어 학생 수 감소로 인한 폐교 위기를 극복하자는 합의를 실천에 옮기기 위해 부단히 머리를 맞대었다. '학생의 교육과정 생성권을 어떻게 보장할 수 있을까?' 라는 문장을 화두로 삼았다. 먼저 고민했던 사람이 발제하고 다른 사람들이 질문하고 대답하다 보니 함께 공부할 내용들이 선명해지고 차츰 확장되어 갔다. 선생님들과 함께 한 공부는 학습주의, 개인화로서의 교육, 교육과정 항해모형, 현상기반학습, 도전기반학습, 열정기반학습 등으로 이어졌다. 이 중에서 이해중심 교육과정에 많은 시간을 들였고 실행에서도 큰 축으로 활용하였다.

우리들의 실천을 두고 어떤 사람들은 학생 자율 학점제의 실제적 내용은 백워드 설계와 뭐가 다른지 일반적인 프로젝트 수업과는 어떻게 다른지 물어오기도 했다. 그럴 때면 단원 수준의 미니 교육과정을 설계하는 일과 같으므로 UbD(이해중심 교육과정)를 활용하였고 수업의 진행 형태는 프로젝트 수업과 유사함을 설명했다.

그렇지만 학생의 교육과정 생성권을 보장하여 학생들의 주도성을 길러주기 위함이 목표이고 그 과정의 엄격성, 체계성을 갖추기 위해서 사용한 도구로 활용했다는 점을 함께 설명했다. 덧붙여 달(학생의 교육과정 생성)을 가리키는 손가락(UbD, 프로젝트 수업)을 보지 말고 달을 봐 달라는 부탁을 잊지 않았다.

어떻게 배움의
주인이 되는가

크고 열린 질문을 생성하기

학생 자율 학점제는 학기당 15시간, 연간 30시간 내외의 미니 교육과정을 학생들이 주도적으로 만들어 가는 프로젝트였다. 이 프로젝트의 출발은 크고 열린 질문과의 만남이었다. 아이들과 교육과정의 접점을 찾는 부분이었기에 가장 많은 공을 들였다.

학생이 평소에 지니고 있는 의문, 호기심, 문제의식을 바탕으로 출발해야 이후에 동기를 부여하고 참여도를 높여서 성취감을 느낄 수 있으므로 허용적 분위기에서 충분한 대화를 통해 마중물이 될 수 있는 큰 질문을 다듬어 갔다. 아이들의 관심과 열정을 찾아내기 위한 질문은 마크 프랜스키(Marc Prensky)[44]의 질문이 아주 효과적이었다. 여기서 찾아낸 키워드를 이용하여 주제를 질문 형태의 문장으로 만들었다.

〈마크 프랜스키, 아이들의 열정을 발굴할 수 있도록 돕는 질문〉

- 혼자 있을 때 어떤 일을 하며 시간 보내기를 좋아하니? 이유는?
- 유튜브에서 딱 한 가지만 구독할 수 있다면 무엇을 선택하겠니? 이유는?
- 신경을 많이 쓰는 일이나 관심 있는 사람이 있니? 이유는?
- 주변 환경에서 느낀 구체적인 문제가 있니? 어떤 것이지?
- 네가 사는 지역이나 네 삶의 어떤 부분을 바꾸고 싶니? 방법은?

---

44) 마크 프랜스키. 미래의 교육을 설계한다. 허성심 역(2018). 한문화

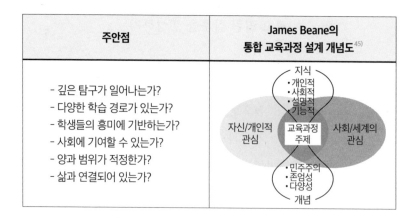

주안점	James Beane의 통합 교육과정 설계 개념도[45]
- 깊은 탐구가 일어나는가? - 다양한 학습 경로가 있는가? - 학생들의 흥미에 기반하는가? - 사회에 기여할 수 있는가? - 양과 범위가 적정한가? - 삶과 연결되어 있는가?	지식 •개인적 •사회적 •설명적 •기능적 자신/개인적 관심　교육과정 주제　사회/세계의 관심 •민주주의 •존엄성 •다양성 개념

아이들의 관심과 흥미를 기반으로 만든 질문이 교육과정의 빅아이디어로 전환되어야 했다. 그래야 단순히 손만 바쁜 수업이 되지 않고 교육적 효과를 거둘 수 있을 것이기 때문이었다. 처음 만들어진 질문은 위 표의 주안점을 이용하여 다듬었고, 최종적으로 제임스 빈(James Beane)의 통합교육과정 설계 개념도를 이용하여 개인적 흥미, 사회적 관심, 개인적 지식, 사회적 개념이 겹치는 지점에 크고 열린 질문을 위치시켰다.

1. 자신과 개인 적 관심을 반영 하고 흥미 있게 참여할 수 있는 가?	2. 지식(개인적, 사회적, 설명적, 기능적 등)을 포함하고 있는가?	
	〈큰 질문〉	3. 사회나 세계의 관 심과 연결 되는가?
	예시) 주위 사람들과 배려하며 살아갈 수는 없을까?	
4. 개념(민주주의, 존엄성, 다양성 등)과 관련되는가?		

45) Beane, J. (1997). Curriculum Integration: Designing the core of democratic education. p. 49)

어떻게 배움의
주인이 되는가

도개초등학교는 급당 학생 수가 최대 9명이어서 처음에는 학생 개인마다 주제 설정을 목표로 시작했다. 그렇지만 계획했던 시수보다 더 많은 시간이 주제 설정을 위해 필요했고, 그 과정에서 비슷한 주제가 나오면 여러 명이 모둠을 구성하였고, 일부 주제에서는 학년군간 모둠, 학년군이 다른 모둠도 구성이 되었다. 개별 프로젝트를 계획했던 아이도 2명이 있었으나 준비 과정에서 수차례 변화가 있었고, 최종적으로 다음과 같이 프로젝트가 결정되었다.

팀명	열린 질문	구성
자연사랑	우리는 왜 자연을 사랑해야 할까?	1학년 5명
수호천사	이웃집에는 어떤 가족이 살까?	2학년 8명
도개소년단	우리 학교는 왜 친구들이 줄어들까?	3학년 1명 4학년 3명
도개는 못말려	우리는 서로 다른 학년과 공부할 수 없을까?	4학년 2명 6학년 6명
뽀로로와 친구들	모든 동물의 성장과정은 비슷할까?	5학년 6명
인피니티 도개	우리가 아래 학년 동생들을 가르치고 돌볼 수 없을까?	6학년 3명

여기까지 오면서 1, 2학년군에 대한 논의가 많았다. 학교생활에 적응이 필요하고 학습활동에 대한 기초를 익혀야 하는 시기인데 과연 학생 자율 학점제가 제대로 구현될 수 있을지에 대해 자신할 수 없었기 때문이다. 하지만 '학자가 하는 것이나 초등학생이 하는 것이나 모든 지적 활동은 근본적으로 동일하며, 어떤 교과이든 지적으로 올바

른 형식으로 표현하면 어떤 발달단계에 있는 어떤 아동에게도 효과적으로 가르칠 수 있다'는 브루너의 말에 힘입어 시도해 보기로 했다. 모든 과정과 활동을 학년성에 맞도록 교사가 좀 더 세밀하게 준비하기로 했다. 그리고 1, 2학년군에서는 이후 학년군의 학습을 위한 전체적인 흐름을 익히는 것에 목적을 두었다.

학생용 백워드 설계 탬플릿

주제를 설정함과 동시에 프로젝트의 목표와 도달 수준도 함께 결정해야 했다. 아래의 질문을 중심으로 아이들과 대화하고 그 내용을 정리하여 다시 교사 모임에서 논의를 이어 갔다.

핵심질문	문제를 한 문장을 만들어 봅시다.
주제	내가 해결해 보고 싶은 과제는 무엇인가요?
목표설정	과제 해결의 목표는 무엇입니까?
지식원리	과제 해결을 위해 나는 무엇을 알아야 할까요?
핵심기능	나는 어떤 것들을 할 수 있어야 할까요?

아이들이 과제, 목표, 알아야 할 것, 할 수 있어야 할 것 등을 이해하고 답하기 위해서는 아이들과 선생님도 시행착오가 필요했다. 단원 수준의 교육과정을 만드는 일인데 이런 경험은 교사에게도 처음이기

때문이었다.

교원양성기관인 대학에서도 교육과정 관련 학점을 수강하지만 교육과정을 생성한다는 상상은 허락되지 않았다. 더구나 교사가 일방적으로 설계하지 않고 학생이 주도할 수 있게 촉진자의 역할을 수행한다는 것은 생각보다 어려웠다. 그럴수록 교사들이 함께 모여 각 반의 상황을 공유하고 해결책을 찾아갈 수밖에 없었다. 한 번도 가 보지 않은 길이고 나 있는 길이 아니었기에 지도를 만들면서 전진해야 했다.

아이들이 주도하여 자신의 배움을 채워갈 교육과정을 만들기 위해 고민한 끝에 백워드 설계의 3단계 템플릿을 아이들 수준으로 재구성하여 활용하기로 했다. 어른들이 하는 일이라면 아이들도 수준은 다르나 비슷한 형식으로 수행이 가능할 것이란 기대감에 시도하였고 그 결과는 매우 효과적이었으며 만족스러웠다. 다시 한 번 브루너의 통찰을 고맙게 생각한다.

성취 기준 뽀개기

프로젝트를 진행하면서 가장 이슈가 되었던 부분은 성취기준이었다. 우리나라 초등학교에서 성취기준은 건드릴 수 없는 성역처럼 터부시하는 인식이 강하다. 실제 교육과정 총론 해설서에도 성취기준에 관해서 통합은 가능해도 삭제는 불가하다고 분명하게 명시하고 있다. 하나라도 빼지 말고 가르치라는 말이다. 고시로 된 문서여서 이를 어

● **1단계(학생용) : 저는 이렇게 하고 싶어요.**

영역	질문	나의 생각
문제 찾기	평소에 궁금했던 일이나 알고 싶었던 것들이 있나요?	인간과 동물의 특징은 같을까? 다를까?
	예) 다른 동네사람들이 우리 학교를 알까?	
	평소에 꼭 해 보고 싶었던 일이 있었나요?	학교에서 동물 키우기
	예) UCC 만들고 제작하기	
핵심 질문	문제 찾기 영역에서 정한 문제를 한 문장으로 만들어주세요.	학교에서 동물의 한살이 과정을 관찰하고 기록해서 내고
	예) 우리학교를 알리는 UCC를 만들고 싶다.	
주제	내가 만든 문장에서 해결해보고 싶은 과제는 무엇인가요?	동물의 한살이 과정성장 일지 만들기
	예) UCC 제작하고 소개하기	
목표 설정	이 과제 해결의 목표는 무엇입니까?	성장일지를 통해 동물과 인간 비교하기
	예) 내가 만든 UCC로 우리학교를 홍보할 것이다.	
지식 원리	과제 해결을 위해 나는 무엇을 알아야 할까요?	동물 키우는 방법
	예) UCC 만드는 방법, 우리 학교의 자랑거리	
핵심 기능	과제 해결을 위해 나는 어떤 것들을 할 수 있어야 할까요?	동물을 소중히 다루기, 동물 키우는 방법조사, 영상 편집하는 방법, 인간의 특징알기
	예) 우리학교 자랑거리 조사하기, UCC 만드는 방법 검색하기	

● 2단계(학생용) : 저의 능력을 증명해 볼래요.

영역	질문	나의 계획
목표	저의 과제는 (~) 예) 도개초를 홍보하는 UCC를 제작하여 발표하는 것 입니다.	저의 과제는 동물의 성장과정 일지 만들기
역할	저의 역할은 (~) 예) 방송국 PD입니다.	저의 역할은 동물의 반려자 입니다.
대상	저의 과제의 대상은 (~) 예) 어느 초등학교에 보내야 하는지 고민하는 학부모와 학생입니다.	저의 과제의 대상은 동물의 대해 잘모르는 사람
상황	저는 (~) 상황에 있습니다. 예) 도개초의 학생들이 점점 줄어들고 있어 다른 지역 친구들이 도개초로 전학을 왔으면 하는	저는 동물의 대해 잘모르는 사람들에게 동물을 키우는 방법을 알려줘야 하는 상황에 있습니다.
결과물	저는 (~) 과제물을 제작할 것입니다. 예) 우리학교를 홍보하는 UCC 동영상을 만들어 발표하는	저는 동물의 한살이를 성장일지로 결과물을 제작할 것입니다.
기준	저의 결과물은 (~) 특징이 있습니다. 예) 우리 학교의 자랑거리를 알고 소중함을 알며, 우리학교의 자랑거리를 모아 사람들이 관심을 가질만한 UCC로 제작한	저의 결과물은 동물의 성장과정에 대해서 알수있고 인간과 동물이 다른지 같은지 알수있는 특징이 있습니다.

〈학생용 3단계〉 이렇게 계획해서 실천할래요.(예시)

● **3단계(학생용) : 이렇게 계획해서 실천할래요.**

시간	공부할 내용		준비물
1	예) 나의 관심거리 찾기	메추리 키우기 계획하기	종이, 펜
2	예) 내가 공부하고 싶은 것 결정하기	메추리 키우는 방법 찾아보기	컴퓨터
3	예) 우리학교 상황 알아보기	준비물 찾아보기	컴퓨터
4	예) 친구들이 전학 오게 할 수 있는 방법 찾기	메추리 키우는 준비하기	마음가짐
5	예) 다른 학교 UCC 찾아보기	메추리알 부화기에 넣기	예) 컴퓨터 부화기, 메추리알
6	예) 우리학교 장점과 자랑거리 찾기	메추리 밥구하기	휴대폰
7	예) UCC 만드는 방법 알아보기	메추리 집 만들기	예) 컴퓨터
8	예) UCC 제작방법 익히기1	메추리 집 만들기2	예) 컴퓨터
9	예) UCC 제작방법 익히기2	메추리 넣어보고 만족하는지 보기	예) 컴퓨터
10	예) 시나리오 짜기	메추리 집크기 키우기1	
11	예) 소품만들기	메추리 집크기 키우기2	예) 파마가밥 폭죽 등
12	예) UCC 영상 촬영하기1	다른 메추리 밥구하기	예) 카메라 메추리 밥
13	예) UCC 영상 촬영하기2	잘키우기 등등	
14	예) 영상 편집하기	메추리 성장 일기 편집하기	예) 컴퓨터 스마트폰 (키네마스터)
15	예) 유튜브에 올리고 발표회에서 발표하기	메추리 성장일기 편집하기2	스마트폰 (키네마스터)

2틀에 1번 메추리 산책 시키기

계속 사진 찍어야함.

178

어떻게 배움의
주인이 되는가

길 수는 없으니 프로젝트를 수행하면서 기존의 성취기준을 삭제하지는 않고 통합하거나 일부 변경하였고 추가로 성취기준을 새롭게 생성하였다.

통합	국가수준 성취기준 2개 이상을 통합하기(삭제, 통합, 하위로 포함 등)
변경	국가수준 성취기준 중 일부를 바꾸기(축소, 확대, 심화 등의 방법)
생성	국가수준 성취기준에 없는 성취기준을 새롭게 생성하기

현행 교육과정에서 요구하는 성취기준의 통합과 삭제 금지를 준수하면서 성취기준의 생성에 필요한 시수를 순증으로 확보하여 소모적인 논쟁을 피하려고 했다. 성취기준을 자세히 들여다 보면 '내용 요소 + 기능'의 형태를 취하고 있다. 어떻게 보면 차시의 학습 목표 수준으로 제시된 성취기준도 많다. 성취기준이 단원이나 일반화 원리에 호응할 수 있는 전반적인 기대 수준을 표현하면 좋았겠지만 현행 교육과정을 준용하여 성취기준을 개발했다.

학생의 설계를 정교하게 구조화하기

학생용 탬플릿으로 아이들의 생각을 정교화하였고 교사는 이를 바탕으로 교육과정의 적절성과 엄격성을 확보하기 위해 위긴스와 맥타이(Wiggins & Mctighe)의 백워드 설계에 기반하여 교사용 탬플릿으로 구조화하였다. 수업자 의도를 작성한 이유는 프로젝트의 개요를 파악하고 방향성을 잃지 않기 위해서였다.

<교사용 1단계> 수업자 의도(예시)

요즘 우리반 친구들이 가장 관심을 가진 분야는 동물이다. 동물을 좋아하고 키우고 싶어 하지만 정작 동물에 대해 잘 모르는 학생들이 많았다. 학교생활 하면서 동물을 교실에서 키워보고 싶다는 희망이 많았다. 특히 다 자란 동물보다 어린 시기의 동물에서 시작하여 크는 과정을 지켜보고 싶다는 생각이 많았다. 어떻게 하면 우리가 교실에서 동물을 키우면서 함께 생활할 수 있을지 의견들을 나누었다.
이야기를 나누는 과정에서 학생들은 동물에 관심은 많지만 실제로 동물들의 성장 과정에 대해서는 자세히 알지 못했다. 그래서 동물의 종류에 따라 성장 과정을 비교해 볼 수 있는 시간을 가져보면 좋을 것 같다고 의견이 모아졌다. 이번 활동을 통해서 동물의 성장 과정을 이해하고 나아가서 생명의 소중함을 느끼고 거기에 따르는 인간의 책임감도 느껴보면 좋겠다.

<교사용 1단계> 바람직한 학습 결과 확인하기

핵심 질문	1. 동물은 자라면서 모습이 변할까요? 2. 동물마다 성장하는 과정이 차이가 있을까요? 3. 성장하는 과정에 따라 동물들을 분류할 수 있을까? 4. 동물의 성장과정을 보면서 어떤 마음과 자세를 가져야 할까요?
성취기준	- 여러 가지 동물들의 자라는 모습을 관찰하고 이해한다. - 동물의 성장하는 과정에 따라 분류할 수 있다. - 동물의 성장에 대한 경외감과 사랑하는 마음을 지닌다.
	- 자신이 잘하는 것과 좋아하는 것을 계발할 수 있도록 노력할 수 있다
영속적 이해	모든 생명체는 종에 따라 다양한 성장 과정을 갖는다. 인간도 동물의 일종이며 생명은 그 자체로 존중되어야 하는 존재이다.

\<교사용 2단계\> 이해의 증거 결정하기

수행과제: GRASPS	
목표(G)	여러분은 동물을 돌보고 기르는 과정을 기록해야 합니다.
역할(R)	당신은 동물 반려자입니다.
청중(A)	대상은 도개초등학교 학생, 동물에 대한 정보가 필요한 사람입니다.
상황(S)	동물의 성장과정을 관찰하고 기록하여 사람들에게 동물의 성장 과정을 소개해야 하는 상황입니다.
결과물(P)	동물의 성장과정을 기록하고 생명의 소중함을 담은 관찰일지(동물일기, 영상)
준거(S)	① 동물의 성장과정을 이해하고 생명의 소중함 알기, 동물의 종류에 따른 성장과정 비교하기 ② 동물을 정성껏 돌보고 기르기, 관찰한 내용과 알게 된 사실을 영상 및 글로 기록하기

평가 기준, 루브릭 만들기

평가 기준표			교사	학생
단계 평가요소	**Dream Meister**	**Dream Grower**	**Dream Beginner**	
동물의 한살이 과정을 이해하고 성장 과정 비교하기	동물의 성장 과정을 관찰하고 한 살이 과정을 자세히 말할 수 있으며 동물 종류에 따라 성장 과정을 비교할 수 있다.	동물의 성장 과정을 관찰하고 한 살이 과정을 말할 수 있고 동물 종류에 따라 성장 과정을 대략적으로 비교할 수 있다.	동물의 성장 과정을 관찰하고 성장 단계를 확인할 수 있으며 동물의 성장 단계가 있다는 것을 안다.	
동물의 성장 단계에 따라 적절한 방법으로 돌보고 기르기	동물을 사랑하는 마음으로 동물의 성장 단계에 따라 적절한 방법으로 기르고 돌볼 수 있다.	동물을 사랑하는 마음으로 동물을 기르고 돌볼 수 있다.	동물에 대한 이해가 부족하며 동물을 기르고 돌보는 것에 어려움을 느낀다.	
관찰일지 만들기	대상, 성장 과정, 동물의 종류에 따라 성장 과정을 비교하는 내용이 잘 드러나도록 결과물을 만들어 친구들과 공유할 수 있다.	대상, 성장 과정, 동물의 종류에 따라 성장 과정을 비교하는 내용이 들어가는 결과물을 만들어 친구들과 공유할 수 있다.	동물을 관찰하고 관찰한 내용을 정리하여 결과물을 만들어 낼 수 있다.	

어떻게 배움의
주인이 되는가

평가 방법
•동물에 대한 이해와 돌보기 및 기르는 방법 - 보고서 •동물의 성장 과정 발표 - 수행과제 •생명 존중 및 사랑 - 관찰, 자기평가

〈교사용 3단계〉 학습경험 설계하기

차시	학습활동
오리엔테이션 (3차시)	•공부해 보고 싶은 주제 이야기하기(1-2/3) - 미리 자율학점제에 대해 소개하고 같이 공부했으면 하는 것 생각해 오게 하기 - 생각해 온 거 이야기하기
	•주제를 가지고 할 수 있는 활동 및 순서 정하기(3/3) - 가장 학생들의 흥미가 높았던 주제 정하기 - 주제와 관련하여 할 수 있는 활동 이야기 하고 순서 정하기

차시	학습활동	학습자료
1~3/15 (3차시)	•동물 기르기 및 돌보는 방법 알아 보기(1차시) - 오리엔테이션 시간에 기르기로 정한 동물에 대한 정보 모으기 - 키우고 돌보는데 필요한 것들 조사하기	컴퓨터실 관련 서적
	•동물 키우는 방법에 대한 보고서 작성하기(2차시) - 동물 키우는 방법에 대해 알아보기 쉽게 정리하여 보고서 형태로 만들기	8절지 필기도구
	•동물 키우기 준비하기(3차시) - 조사한 내용을 바탕으로 교실 및 온실에서 동물을 키울 때 필요한 준비물의 목록을 짜서 구입 계획하기	동물 사육 키트 구입 계획서

차시	학습활동	학습자료
4~7/15 (4차시)	• 동물 키우기 준비하기(1차시) - 구입한 동물 키우기 키트 설치하기 - 동물 키우기를 위한 1인 1역할 정하기	
	• 생명의 소중함 알기(2차시) - 둥물의 특징 살펴보고 친구들 이름 지어주기 - '소중하게 생명 키우기' 서약하기	서약서
	• 농물 키우기(3~4차시) - 역할을 나누어 각자 담당한 동물 키우기 - 담당 동물 관찰하기 - 관찰 결과 공유하기 (※ 학점제 운영일과 관계없이 학생들이 책임감을 가지고 동물을 키우고 관찰 결과를 여러 형태로 기록할 수 있도록 독려한다.)	동물 사육 키트 관찰 일지

차시	학습활동	학습자료
8~11/15 (4차시)	• 동물 관찰하기(1차시) - 일주일 동안 관찰한 결과를 모아 변화된 모습을 GIF 또는 영상으로 제작하여 공유하기 - 필요한 물품이 없는지 확인하기	사진
	• 동물 키우기(2차시) - 동물과 교감하기 - 동물 환경 재정비하기 (교감할 수 있는 다양한 활동을 찾아보고 실행해 본다)	서약서
	• 동물의 성장 과정 비교하기(3-4차시) - 담당 동물별로 관찰한 기록을 모아 친구들과 공유하기 - 동물의 성장 과정 관찰 후 느낀 점 발표하기	관찰 기록지

차시	학습활동	학습자료
12~15/15 (4차시)	• 동물의 성장 일기(UCC) 제작하기(1-2차시) - 영상 최종 편집하기 - 최종 편집본 리허설 하기 (※ 성장 일기의 내용은 학생들이 직접 정하도록 한다.)	홍보물
	• 관찰 일기 발표 및 공유하기(3차시) - 체육관을 활용하여 관찰 일기 상영하기	
	• 자기 평가하기, 반성 및 약속하기(4차시) - 발표 및 자율학점제 마무리 소감 나누기	

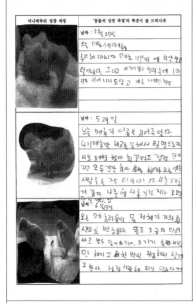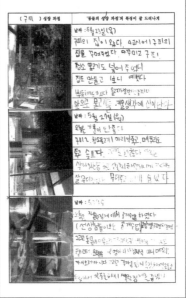

성장 관찰 일기

학생들의 발표 내용 공유하고 성찰하기

안녕하세요. 저희는 뽀로로와 친구들입니다. 동물의 한살이에 대해 발표하고 동물을 키우며 느낀 점에 대해 발표하겠습니다.

[학생 1]

안녕하세요? 뽀로로와 친구들의 크롱입니다. 처음 자율 학점제를 시작할 때 계획을 세우는 것이 힘들었습니다. 하지만 계획을 완성하고 활동을 시작하면서 점점 재미있었고 여러 동물을 관찰할 수 있어서 좋았습니다. 저희는 이번 학기에 햄스터와 미니메추리, 구피, 병아리를 키웠습니다. 부화기에 기러기 알도 넣어서 부화시키고 있습니다.

[학생 2]

안녕하세요? 뽀로로와 친구들의 패티입니다. 미니메추리의 한살이를 살펴보겠습니다. 먼저 미니메추리의 부화 1일차 사진입니다. 메추리들은 부화했을 때 몸이 노란색이었고 태어났을 때 많이 작았습니다. 시간이 지날수록 사료를 많이 먹고 똥도 많이 쌌습니다. 노란색에서 흰털이 나기 시작하더니 활동량도 많아졌습니다. 작았던 친구들의 덩치도 점점 커졌습니다. 시간이 지나자 흰털로 다 변했습니다. 이때부터 날개짓을 하며 날거나 뛰는 행동을 많이 했습니다. 미니메추리들의 속도가 매우 빨라서 산책시킬 때 긴장을 많이 했었습니다. 앞으로 계속 키워서 알을 낳는 것까지 볼 계획입니다.

어떻게 배움의
주인이 되는가

[학생 3]

안녕하세요? 저는 뽀로로와 친구들의 에디입니다. 우리는 햄스터를 2마리 키우고 있습니다. 갈색 햄스터는 수컷이고 흰색 햄스터는 암컷입니다. 수컷의 이름은 초코, 암컷의 이름은 우유이며 합쳐서 초코우유라고 부르고 있습니다. 초코는 먹고 자는 걸 좋아합니다. 그래서 우유보다 뚱뚱하고 덩치가 큽니다. 우유도 자는 걸 좋아하고 구석진 곳을 자주 갑니다. 땅도 자주 파서 곳곳에 땅굴을 만듭니다. 초코와 우유의 새끼를 보지 못했습니다. 앞으로 계속 키우면서 초코우유의 새끼까지 살펴보고 싶습니다.

[학생 4]

안녕하세요? 저는 뽀로로와 친구들의 뽀로로입니다. 구피의 한살이를 발표하겠습니다. 구피의 암수 구분은 쉬운 편입니다. 구피의 암컷은 몸 전체가 회색입니다. 그리고 수컷은 암컷에 비해 색깔이 다양하고 조금 더 화려합니다. 크기는 수컷에 비해 암컷이 조금 더 큽니다. 구피는 암컷과 수컷이 짝짓기를 해서 알을 배에 품습니다. 알을 배에서 부화하여 치어가 되면 낳습니다. 그래서 임신을 하면 배가 불룩해지고 안쪽이 살짝 보입니다. 새끼를 낳으면 다시 배가 들어가는데, 저번에 구피 1마리가 새끼를 낳다가 죽어서 슬펐습니다. 구피의 새끼는 아주 작아서 다른 구피에게 잡아먹힐 수 있습니다. 그래서 수초에 숨어 지내거나 부화통에 따로 옮겨줘야 합니다. 암컷 배에서 바로 치어로 나와서 신기했습니다.

[학생 5]

안녕하세요? 뽀로로와 친구들의 포비입니다. 지금까지 동물을 키우면서 많은 일을 겪었습니다. 메추리가 부화하고 태어났을 때 2마리의 몸 상태가 좋지 못했습니다. 그러다가 4일 뒤 안 좋았던 미니메추리가 세상을 떠났습니다. 미니메추리가 죽었을 때 너무 슬퍼서 눈물을 많이 흘렸습니다. 그래서 남은 동물들을 잘 키우려고 노력했습니다. 또 구피를 키우면서 임신하여 새끼를 낳을 때 정말 신기했습니다. 새로운 생명을 보니 기분이 좋았습니다. 동물을 키우면서 많은 것을 보고 느낄 수 있었습니다. 생명의 소중함을 느꼈고 동물의 신비함도 체험했습니다.

[학생 6]

안녕하세요? 저는 뽀로로와 친구들의 루피입니다. 저희는 1학기동안 동물을 키웠습니다. 동물을 보는 건 좋았는데 관리하는 건 힘들었습니다. 특히 똥을 치우고 밥을 주는 것이 어려웠습니다. 어렸을 때 부모님이 저를 키워주신 것에 감사함을 느낄 수 있었습니다. 그래도 동물을 키울 때 행복했습니다. 자율학점제가 짧아서 너무 아쉬웠습니다. 이제 동물들을 수업 시간에 보지 못하는 것이 아쉽습니다. 2학기 때는 조금 더 길게 자율학점제를 해보고 싶습니다. 지금까지 뽀로로와 친구들의 발표였습니다. 감사합니다.

어떻게 배움의
주인이 되는가

세상에 없던 학교 참관 후기

발표회에 이웃 학교의 교사들이 100명이 넘게 참관을 했다. 발표회 중 경인교대 온정덕 교수와의 자유 토론을 중심으로 한 참관 후기를 작성자의 허락을 얻어 소개한다.

〈현정은 구미봉곡초등학교 교사〉

1. 학생에게도 교육과정을 생성할 수 있는 권한을 주어야 한다는 부분에 대해 교수님의 의견은 매우 찬성이었다. 도개초등학교에서 실험한 내용은 학생이 공부하고 싶은 질문을 찾고, 그 질문을 해결하는 과정을 학생이 계획해서 실제로 실행하고 그에 따른 성찰을 했다는 것이다. 그 과정에서 아이들은 나름의 통찰을 얻었으며, 그러한 경험에서 메타인지가 발달한다고 했다.

특히 도개초등학교에서는 학생용 백워드 템플릿을 만들었는데, 아이들이 단순히 재미에서 끝나는 것이 아니라는 것을 확연히 느낄 수 있었다. 아이들이 차시를 어떻게 구성하는지 보여주고 있었다. 이 부분에서 최근에 동아리 프로젝트를 했던 나의 경험이 떠올랐다. 내가 놓친 부분이 무엇인지도 깨달았다. 아이들에게 자율권을 준다는 것이 어떤 의미인지도 좀 더 분명하게 알 수 있었다. 단순히 좋아하는 것을 한다기보다 어떤 문제를 해결하는 과정이 있다면 더 좋겠다는 생각도 들었다. 자기가 좋아하는 것을 하면서 사회에 기여할 수 있는 방법을 찾는 것이다. 동아리 프로젝트에서 결과물은 '나눔'이었다. 우리가 알게 된 것을 어떻게 나눌 수 있을까? 라는 질문을 명시하지는 않았지만, 그것이 우리가 생각했던 목적이었다. 그러나 무엇을 알고 싶어했는지 분명하게 정하지 못했던 것 같다.

2. 2015년 교육과정은 역량중심 교육과정이 아니라 역량기반 교육 과정이다. 역량중심 교육과정이라고 하니 교과를 벗어난다는 생각을 많이 한다고 한다. 그러나 역량이라는 개념은 성장의 개념이라고 한 다. 있고 없고의 개념이 아니라 끊임없이 발달하는 개념. 교과에서 배 우는 핵심 아이디어나 원리를 배우는 과정에서 아이들은 사고(思考)를 하고, 그 과정에서 역량이 발휘된다고 한다.

3. 그래서였을까? 도개초등학교에서 아이들이 만든 수업은 결국 '프로젝트 수업'의 형태를 띄고 있었다. 어떤 문제에 대해 아이들 나름 대로 해답을 찾아가며, 그것을 실제로 해보는 과정이었기 때문이다. 그러나 프로젝트 수업을 한다고 해서 아이들의 역량이 발휘되는가? 라고 묻는다면 글쎄, 그건 조금 생각을 해봐야 될 것 같기도 하다. 나 의 경우를 반성해 보자면 내가 프로젝트 수업을 했다는 것과 역량이 발휘되도록 수업을 했다는 것은 같은 말이 아니었다. 프로젝트 수업 을 어떻게 했는지, 그 과정에서 아이들은 언제, 무엇을 배웠는지 성찰 해야 된다는 생각이 들었다. 물론 대부분의 프로젝트 수업을 하는 선 생님들은 역량이 발휘되도록 수업을 잘 하시겠지만 나로서는 왠지 자

어떻게 배움의
주인이 되는가

신감이 생기지 않았다.

특히 교수님께서 동물의 한살이에 대해 발표한 아이를 보며 감동을 받았다고 했을 때 가장 크게 깨달았다. 나는 나의 기준을 들어 아이들에게 사고의 과정을 강요하고 있는 것이 아닌가라는 생각이 들었기 때문이다. 내가 어떤 기준을 들어 아이들이 만난 동물의 한살이를 가르치려고 했다면, 그 순간 아이들의 자신의 수업이 아니라고 여기며, 흥미를 잃고 역량을 발휘할 기회를 놓치게 되는 것이라는 생각이 들었다.

4. 아이들이 직접 한 결과물에 대해 이야기를 나누는 것이 좋다는 생각도 함께 들었다. '언어'만을 사용해서 교사가 자신의 관점을 나누는 것이 탁상공론과 같다는 사실을 언제부터인가 어렴풋이 느끼고 있었는데, 이번 기회로 확실히 알게 되었다.

아이들의 결과물을 두고 교사가 나누는 대화가 확실히 더 구체적이고 분명하다. 아이들이 하는 말, 아이들이 한 행동, 아이가 처한 상황, 아이가 직접 쓴 글이나 그린 그림을 두고 대화를 시작해야 한다.

5. 교육과정에 대한 자율성을 강화하는 것이 교육과정의 질을 담보하지 않는다는 말에 공감한다. 교육과정 대강화가 이루어지고, 자율성을 확대한다는 것은 교사의 소통과 협력이 절실한 문제이기 때문이다. 자율성을 강화한다는 것은 교육과정의 질을 향상시키기 위해 교사들이 스스로 책임감을 가지고 노력해야 한다는 이야기이다. 그러

기 위해 함께 책을 읽거나 공부를 하고, 토의와 토론을 지속적으로 해 나가고, 기록을 해야한다는 뜻이기도 하다.

교수님의 이야기 중에 이런 부분이 있었다. 덴마크에서는 역사를 가르칠 때 '전쟁'에 대해 가르치지, 베트남전쟁이나 한국전쟁을 가르치지는 않는다고. 그렇다면 역사교과의 본질이 무엇인지 교사는 토의하고 토론해야 한다. 언제 학습이 일어나고 있는지 찾고, 의미를 분석하며, 교사의 역량도 계속해서 발휘될 수 있도록 애써야 한다. 에고야, 어렵다! 많은 선생님 중에서는 그래서 자율권을 포기하고 싶을지도 모르겠다는 생각이 스친다.

그런데 우리학교의 다른 학년 선생님을 보니 꾸준히 기록하고, 대화하는 분들이 프로젝트 수업을 계속 수정하며 진행하시는 걸 보니 진입장벽이 높아서 그렇지 시작하면 또 잘하실 거란 믿음이 든다.

6. 알고 이해한 것을 어떻게 활용할 것인가? 아는 것으로 그치지 않는 것, 그것이 핵심이었다. 실제로 할 수 있게 하는 것, 나는 이 부분이 참 어렵다. 초등학생 수준에서 실제로 한다는 것은 과연 어떤 상태를 말하는 걸까? 활용의 범위를 어떻게 설정해야 하는 걸까? 여러 가지 고민이 들지만 고민보다는 일단 해보는 게 중요하다는 것만 생각하고 넘어간다. 아마도 다들 머릿속에 '이건 소인수 학급에서 가능한 거 아냐?'라는 질문을 떠올리지 싶다. 그런데 현실 가능성을 따지기 시작하면 도대체 이 세상에서 할 수 있는 게 무엇이 있을까? 현재 하고 있는 일들은 모두 현실적으로 가능한 일이고, 아직 해보지 않은 일

은 사실 불가능한 일이 아닌가?

학생 자율 학점제에 대한 이번 시도와 소인수/다인수 학급에서의 학습방법에 대한 차이는 어쩌면 별개의 문제이지 않을까? 소인수 학급이니까, 학생이 스스로 학습할 내용을 정하는 문제를 개별적으로, 혹은 3, 4학년이 함께 혹은 한 반(결국 하나의 모둠수준) 아이들이 해결했고, 아이들간의 갈등을 조절하는 단계가 좀 더 줄어들었을지도 모르며, 그 과정에서 교사는 직접적인 방식으로 참여하게 될 테다.

다인수 학급의 경우 아마, 어떻게 과제를 분배할 것인가? 라는 문제가 더 생길 것이며, 각 모둠간의 학습내용을 어떻게 공유할 것인가? 라는 문제를 해결해야 될 것이고, 교사는 직간접적인 방식으로 학생들의 교육과정에 참여하게 될 것이다. 문제를 해결하는 과정에서 발생되는 문제의 성격이 다를 뿐, 결국 본질은 어떻게 하면 학생이 주도적으로 자신의 학습을 이끌어 갈 것인가에 있지 않은가 싶다.

수업 에세이 쓰기

글쓰기는 고유한 힘을 가지고 있다. 같은 내용을 말로도 할 수 있다. 하지만 발화는 즉시 공중으로 흩어질 뿐이고 글은 쓰는 즉시 영원으로 편입된다. 발화는 순발력으로 치밀함을 대신하지만 쓰기는 처음부터 끝까지 일관성 있어야 하는 지구력이 중요하다. 발화는 말투, 음색, 표정, 몸짓 등 집단적이지만 쓰기는 오로지 '왼쪽에서 오른쪽으로, 위에서 아래로'의 원리에 집중하여 한 자씩 더하는 단독적인 행위이다. 하여 쓰기는 그 자체로써 학습이다.

수업과 쓰기의 만남을 시도했다. 매일 먹는 밥처럼 하는 수업이지만 대부분 기억되지 못하고 휘발해 버린다. 달아나는 기억을 불러오고 파편화된 장면들에 서사를 부여하다 보면 수업을 성찰하고 배움을 숙고할 수 있었다. 쓰기를 통해 나와 동료의 수업을 특정 지점과 위치

어떻게 배움의
주인이 되는가

에 두려고 하지 않았고 오로지 과정과 순간에 집중하려고 했다. 그 순간들을 이어 가고 과정이 충실해질 때 아이와 교사 모두가 성장할 수 있음을 확신한다.

의도적 연습이 전문가를 만든다

1주일이면 대략 20시간, 1년이면 600여 시간의 수업을 하는 사람이 대한민국의 교사다. 1만 시간의 법칙이 옳다면 10년 이상의 경력을 지닌 교사는 모두 명인이 되어야 할 터이지만 실제로 수업에 자신감을 나타내는 교사는 드물다.

말콤 글래드웰은 심리학자 앤더스 에릭슨(Anders Ericsson)의 '베를린 음악학교' 논문에서 영감을 얻고 1만시간의 법칙을 썼지만 정작 에릭슨은 여기에 대해 부정적이다. '어떻게 전문가가 되는가?'란 질문에 평생을 매달린 에릭슨의 결론은 시간의 양이 아니라 '의도적 연습(deliberate practice)[46]'이었다. 단순히 연습만 하는 것이 아니라 의도된 연습이 전문가를 만든다는 것이다.

교사의 수업도 마찬가지라고 생각한다. 아무런 의도가 없는 관성적인 수업은 전문가로 성장하는 데 도움을 주지 못한다. 자신과 동료의 수업을 진득하게 들여다보고 서로 생각을 나누고 성찰하는 의도된

---

46) 1만 시간의 재발견(2016). 안데르스 에릭슨. 비즈니스북스

노력이 있어야 한다. 지금은 학습공동체가 활성화되어 서로의 수업을 공유하는 문화가 형성되고 있지만 전체 교육 현장에 일반화 되었다고는 보이지 않는다. 1년에 많아야 서너번 공개 수업과 참관이 이루어지고 있다. 수업 전후에 협의회가 이루어지는 경우도 있지만 대부분 참관자들은 체크리스트나 척도표를 활용한다. 경북교육청의 수업전문가 제도에도 척도표를 활용하여 평가하고 이를 심사에 활용하고 있기도 하다.

이러한 방법이 지닌 측정 가능성, 변별력이라는 효율성을 무시할 순 없겠지만 수업자와 참관자 모두에게 학습이 일어나는 효과는 장담하기 어렵다. 수업자의 입장에서는 특정 지표에 표기된 수치보다 구체적인 의견, 자신이 보지 못하는 상황이 담긴 시선, 맥락 위에서의 조언, 공감할 수 있는 질문 등의 피드백이 필요하다. 참관자의 입장에서도 누군가 정해진 좌표대로 수업을 쫓아가야 하는 척도표와 체크리스트는 자신의 시선과 호흡을 갖지 못한다.

배움이란 주관적인 행위이므로 수업의 참관 역시 자신의 호흡과 시선, 의도를 가지고 있어야 하고 이를 수업자와 공유하는 기회도 반드시 필요하다.

대안이 필요했다. 그래서 선생님들과 수업 에세이를 써 보자고 했다. 수업 에세이는 수업자 에세이와 참관자 에세이로 영역을 나누고 내용은 개별 작성자가 펜이 가는 대로 쓰기로 했다. 다만, 처음에 에세이를 시작하기에 어려움을 말하는 선생님들을 위해 이끄는 질문 몇 가지를 각각 정리하여 안내했다.

어떻게 배움의
주인이 되는가

수업자 에세이 마중물

☐ 이 수업을 하게 된 이유는?

☐ 수업에서 가장 중요하게 생각했던 부분은?

☐ 수업에서 만족하는 점은? 만족스럽지 못한 점은?

☐ 미처 생각하지 못했던 상황이 있었나요?

  있었다면 어떻게 대처하였나요?

☐ 수업을 마치고 내게 부족하다고 느껴지는 것이 있나요?

☐ 수업 전 도움을 받았거나 참고한 것은 무엇이었나요?

☐ 수업을 위해 도입한 이론이나 근거는 무엇인가요?

☐ 다른 선생님들에게 권하고 싶은 방법이나 자료가 있을까요?

☐ 다시 한번 같은 수업을 한다면 무엇을 바꿀 건가요?

☐ 이 수업을 하나의 문장으로 표현한다면 무엇이고 그 이유는?

☐ 마치고 떠오르는 사람, 책, 영화 등이 있나요? 그 이유는?

☐ 수업 진행 내내 나의 감정은 어떻게 변했나요?

  예) 긴장 → 기대 → 실망 → 기쁨 → 여유 → 안심 → 서운

참관자 에세이 마중물

☐ 처음 교실에 왔을 때 느낀 감정을 한 단어로 표현한다면?

☐ 참관을 마치고 나서 느낌을 한 문장으로 표현한다면?

☐ 수업의 흐름을 생각나는 대로 서술해 본다면?

□ 전체적인 수업 중에서 이질감이 느껴진 부분이 있나요?

□ 수업에서 예상치 못한 전개가 있었나요?

□ 이 수업에서 발견되는 독특한 현상이 있었나요?

□ 선생님들 모두가 해결을 위해 토론할 만한 장면이 있었나요?

□ 내가 가장 관심 있게 지켜본 대상(교사, 학생, 자료 등)은?

□ 수업자에게 물어보고 싶은 궁금함이 있나요?

□ 수업자에게 도움을 주고 싶은 부분이 있나요?

□ 참관하면서 떠오른 인물, 책이나 문구, 영화 장면이 있었나요?

□ 참관하면서 인상 깊었던 장면을 최대한 자세히 묘사한다면?

□ 닮고 싶은 수업자의 말 한마디, 행동이 있다면?

□ 다른 참관자와 달리 나만 느꼈을 것으로 생각하는 부분은?

에세이는 한 번에 그치기도 했지만 경우에 따라서는 수업자와 참관자 사이에 편지처럼 이어지기도 했다. 에세이를 텍스트 삼아 토론이 열리기도 했다. 나중에는 에세이를 책처럼 묶어서 나누기도 했다. 에세이를 쓴다는 일은 분명 고통스러운 점도 있었다. 교사에 따라 글쓰기에 흥미와 적성이 덜한 사람도 있기 마련이다. 중요한 건 자신의 관점에 따라 수업을 진지하게 보고 생각하고 기록하여 성찰한다는 점이다. 수업 에세이는 학생은 물론 교사와 더불어 동료 교사들 모두가 성장할 수 있는 좋은 수업 나눔으로 자리잡을 수 있길 바란다.

[참관자 에세이 1] 질문의 힘

〈정기효 도개초등학교 교감〉

수업에 앞서

이 수업은 15차시의 프로젝트 중 5차시에 해당한다. 학생 생성 교육과정 탬플릿을 도구로 하여 선생님과 학생들이 충분한 질문과 대화를 거쳐 설계된 미니 교육과정이다. 주제 겸 핵심질문은 '모든 동물의 성장 과정은 비슷할까?'이며 영속적 이해로 '모든 생명체는 종에 따라 다양한 성장 과정을 갖는다.'이다. 수행과제로 동물을 돌보고 기르는 역할을 맡아 병아리, 메추리, 구피, 새우, 햄스터 등을 기르며 성장 일지를 기록하여 전교생에게 발표하기로 했다.

이 프로젝트는 시작부터 온 학교의 관심이 집중되었다. 부화기를 사서 20여 일을 기다리는 과정에 혹시라도 전원이 꺼지진 않을까, 습도나 온도 조절이 안 되어 실패할까 가슴 졸이며 아이들과 선생님은 정성을 다 쏟았다. 다행히 닭과 메추리 모두 부화기에 넣은 알의 2/3가 부화를 했다. 병아리 3마리, 메추리 8마리가 우리 학교의 새 식구가 되었다.

5학년 교실은 유치원 아이들을 비롯해 전교생에게 가장 인기 있는 장소가 되었고, 덩달아 담임 선생님은 가장 인기가 있는 선생님이 되었다. 아이들은 등교하자마자 5학년 교실로 병아리를 살피러 모여들어 문전성시를 이루었다. 다른 선생님들은 5학년 선생님에게 '동물원장'이라는 애칭을 붙여주었고 부양가족수당을 신청하라고 농담을 건네기도 했다.

어린 병아리들을 보살피느라 박스로 집을 마련하고 추위에 떨지 않게 열전구를 설치하였으며 저녁이면 숙직실로 옮기는 등 정성을 다해 키웠지만, 닭 병아리 1마리와 메추리 병아리 3마리가 생명을 잃었다. 5학년 선생님이 줄지어 우는 아이들과 함께 학교 뒤뜰에 묻어주던 모습은 가슴 찡했다. 자식같이 병아리를 돌보던 선생님의 모습에 생명을 사랑하는 진정성이 묻어났다. 진정성을 알아차리는 것은 본능이라고 한다. 동물원장 선생님의 진정성은 동물들에게도 전해졌으리라 생각한다.

수업의 대강

교실에 들어서니 아이들은 두 명씩 짝을 지어 어항, 병아리 사육장, 햄스터 사육장에 각각 흩어져 관찰을 하고 있었다. 동물의 종류는 닭과 메추리 병아리, 햄스터, 구피와 다슬기 등 육상, 수중, 조류(가금류)를 다 갖추고 있었다.

칠판에는 관찰의 기준이 되는 '환경, 모양, 크기, 먹이, 특징, 성격'이 적혀 있었다. 일정한 시간을 관찰하고 기록한 뒤에는 다른 동물에게로 자리를 옮겼다. 한 바퀴 순회를 마치고 각자의 자리로 돌아가 기록을 정리했다. 선생님과 대화를 통해 최종적으로 관찰한 결과를 마무리 과정을 거쳐 아이들끼리 서로 관찰 일지를 돌려보며 공유하는 시간을 가졌다.

어떻게 배움의
주인이 되는가

질문의 연속체

선생님은 아이들의 관찰을 돕기 위해 많은 발화를 했다. 아이들의 질문에 대한 대답, 행동을 수정하기 위한 말, 사고의 심화를 위한 질문 등 다양한 발화 중에서 몇 가지를 보겠다.

- 암수 구분은 어떻게 하죠?
- 동물마다 어떻게 다른지 비교해 보자.
- 크기는 자를 이용하면 좋겠지요?
- 기록은 글, 사진, 영상을 다 사용해도 됩니다.
- 햄스터 핸들링 해 보세요.
- 메추리 날개를 자세히 볼까요?

각기 발화들은 그 기능이 다르다. 단순한 질문이거나 행동을 요구하기도 하고 특정한 사고를 유발시키기도 한다. 교사의 발화는 피드백의 기능을 수행하는 가장 대표적인 수단이므로 역으로 접근하면 피드백 전략으로서의 질문은 큰 가치를 지닌다. 로버트 J. 마자르노(Robert J. Marzano)와 줄리아 A. 심스(Jullia A. Simms)의 '질문 연속체(Questioning Sequences)' 즉, '세부사항 → 범주 → 정교화 → 증거'는 많은 시사점을 준다.

세부사항은 인물, 기관, 산물, 동물, 장소, 사물, 사건, 자연현상, 행동, 느낌, 개념 등 13가지에 해당되는 세부적인 질문을 이른다. 범주 질문은 공통점 찾기, 특징 찾기, 범주 내 혹은 범주간 비교하기 등을 말한다. 정교화 질문은 특성의 이유와 특정한 영향, 일정 조건하의 예측 등이며, 증거는 정교화를 뒷받침하는 자료 제시하기이다.

질문의 연속체를 바탕으로 수업 장면의 대화를 분석해 본다.

- (교사) 동물들의 공통점이 무엇인가요? [범주]

- (학생) 빠르다.

- (교사) 빠르다는 애매하네요. 무엇 때문에 빠르다고 생각하나요?
  [정교화]

- 엄청 빨리 움직여요.

- (교사) ○○보다 빠르다 라고 말하는 것은 될 수 있겠네요. [증거]

인용한 대화 이전의 질문들은 대부분 세부사항에 관한 내용이다. 모양은 어떤가요? 색깔은 뭔가요? 느낌이 어때요? 등의 질문은 각각 인물, 동물, 느낌 등을 묻는 말이므로 세부사항 질문에 해당된다. 이런 질문에 이어서 교사가 공통점을 묻는 범주 질문과 이유를 묻는 정교화 질문을 하고 또 그렇게 말한 증거를 묻는 증거 질문(이 부분은 이견이 있을 수도 있다.)이 체계적으로 잘 이어지고 있다. 질문 연속체의 좋은 사례로 볼 수 있겠다. 수업하신 선생님이 이 이론에 따라 의식적으로 한 질문은 아니었겠지만 아이들의 탐구를 이끌어 낼 수 있는 효과적인 피드백이 이루어지고 있음을 확인할 수 있었다.

교사와 학생의 상호작용 대부분은 언어로 이루어진다. 그중에서도 많은 부분을 차지하는 것은 질문과 대답이다. 수업에 따라 설명과 지시가 높은 비중일 수 있으나 최근의 수업에서는 학생의 참여에 중심을 두고 있어 갈수록 질문과 대답하기는 중요성이 높아지고 있다. 그렇지만 수업의 현장에서는 다양한 발화들이 넘쳐나고 돌발적인 변수도 많아서 교사가 적절한 질문을 이용한 피드백이 쉽지만 않다. 다음 사례를 보자.

- (교사) 또 무슨 공통점이 있을까요?
  (학생 1) 밥을 먹어요.
  (학생 2) 똥을 싸요.

- (교사) 공통점 중에서도 차이점이 있을 겁니다. 그걸 찾아볼까요?
  (학생 3) 안 먹으면 죽어요.
  (학생 4) 다 죽긴 죽어요.

교사가 전략을 가지고 있어도 수업 상황은 어디로 튈지 모른다. 위의 대화처럼 교사가 범주 질문을 했지만 한 아이가 장난스런 대답을 했고 다른 아이가 받아서 비슷한 유형의 대답이 이어졌다. 교사가 다시 한 번 범주간 차이점을 유도하는 질문을 던졌지만 아이들의 대답은 이미 수업의 경로에서 벗어나고 있다. 질문의 연속체가 제대로 구현되었다면 다음과 같은 장면이 이어졌을 것이다.

- (교사) 동물들은 모두 똥을 싼다는 공통점에도 다른 점이 있을 것

같은데요? [범주]

(학생 1) 병아리는 묽구요. 구피는 순대같이.

• (교사) 왜 병아리와 구피의 똥 모양이 다를까요? [정교화]

만약 구피가 병아리와 같은 똥을 누면 어떻게 될까요? [정
교화]

(학생) 먹는 게 달라요.

몸의 구조가 달라요.

• (교사) 먹는 게 같으면 똥 모양도 같을까요? [증거]

피드백 전략으로서의 질문

인간의 고유한 특징 중 하나로 언어를 꼽는다. 20세기 지대한 영향을 미친 분석철학처럼, 인간이 만들어 사용하는 언어가 역으로 인간의 삶을 규정하는 위치에까지 성장하여 왔다. 교육에서도 언어가 가지는 위상은 지대하다. 수업에서도 언어의 위상은 높다. 지식을 표현하고 행동을 지시하고 태도를 설득하는 거의 모든 활동이 언어에 기초하고 있다. 수업의 흐름은 교사의 발화에 달려 있다. 이 발화가 아이들의 사고와 행동을 촉진할 수 있어야 한다.

'질문 연속체'는 효과적인 피드백 전략임에 분명하다. 이론의 인지 유무를 떠나 우리는 이미 수업에서 질문하기를 실천하고 있다. 그 사례를 오늘 수업에서 발견할 수 있어서 기뻤다. 다만 수업의 유동성에도 질문하기가 중심을 잃지 않고 대처할 수 있도록 숙련을 위한 연습도 필요하리라 생각한다. 수업을 공유해 준 선생님에게 감사를 드린다.

어떻게 배움의
주인이 되는가

[수업자 에세이 1] 물을 스스로 찾을 수 있는 가르침

〈곽태호 도개초등학교 교사〉

이번 주 자율 학점제 수업을 하기 전에 많은 우여곡절이 있었다. 미니 메추리 8마리가 태어났지만 일주일 동안 3마리가 하늘나라로 갔다. 구피도 암컷 3마리, 수컷 2마리로 시작했지만 암컷 1마리, 수컷 1마리를 빼고 모두 죽어 버렸다. 햄스터는 집안에 들어가 잠만 자고 있는 상황이었다.

이처럼 수업 준비를 위해 많은 것을 준비했지만 다양한 상황의 변수를 통제하지는 못했다. 통제할 수 없는 상황으로 인해 수업하기 전부터 많은 스트레스를 받았다. 수업 준비를 제대로 하기 힘들었고 무엇보다도 동물들이 아파하고 옆에서 죽는 모습을 지켜보는 것이 너무 힘들었다. 다행히 옆에서 많은 선생님들이 위로해 주시고, 동물도 구해주시는 등 많은 도움을 주셔서 힘을 낼 수 있었다.

본 수업을 들어가기 전에 많은 일들이 있었지만 다행히 정상적으로 수업을 진행할 수 있게 되었다. 이번 수업에서 가장 중요하게 생각했던 부분은 동물에 대한 인식이다. 동물을 어떤 감정으로 이해해야 하는지, 동물마다 특징을 관찰하고 비교하고 나아가서는 인간과 비교를 해보는 것이다. '인간도 동물의 한 종류이다. 하지만 큰 차이점도 있기 때문에 인간과 동물을 다르게 생각하기도 한다.' 등 학생들이 동물을 관찰하는 것에만 끝나지 않도록 수업의 흐름을 잡았다. 수업하기 전에도 학생들이 동물을 돌보고 기르는 것을 해 왔기 때문에 동물과 함께하는 수업에는 큰 어려움이 없었다. 동물에 대해 흥미가 높고 관심이 많기 때문이다.

하지만 동물들을 흥미의 대상으로만 보는 문제가 있었다. 동물을 관찰하고 비교하는 활동을 통해서 배움과 학습이 어느 정도 이루어지기는 했지만, 학습의 대상으로 보는 관점이 부족했다고 생각한다. 동물에 대해 유심히 관찰하고 기록하는 것보다 단순한 호기심으로 머물렀다. 거기에 대한 제대로 된 피드백을 하지 못한 것이 아쉬웠다.

1차시에는 우리가 교실에서 키우고 있는 동물의 이름을 짓는 것부터 시작했다. 처음에는 똥, 똥건이, 치킨 등 재미있는 이름 위주로 대답이 나왔다. 학생들과 함께 동물의 특징과 성격, 이름이 왜 필요한지에 대해 진지하게 대화 한 뒤에 창의적이고 예쁜 이름이 나오기 시작했다. 결론적으로 햄스터는 수컷은 갈색 계열이라 '초코', 암컷은 흰색이라 '우유'라는 이름이 나왔다. 초코우유처럼 한 쌍이 어울리는 이름이라 학생들이 더 좋아했다.

구피는 7마리라는 이유로 무지개 색인 '빨주노초파남보'로 이름이 지어졌고, 병아리 2마리는 밝은 색은 '아침', 어두운 색은 '저녁이'로 투표를 통해 결정됐다. 마지막 미니메추리 5마리는 개개인의 이름을 지어주지 못했다. 구분이 어려웠기 때문이다. 하지만 미니메추리의 팀명(?)을 만들었는데 '카시오페이아'라고 지었다. 별 5개를 이은 별자리 이름으로 미니메추리 5마리도 함께 뭉쳐 있는 모습이 닮아 있다.

이름 짓기가 끝나고 생명의 소중함을 이야기하는 서약서 발표, 여러 동물의 모습과 특징을 8절지에 적어 비교하는 활동, 더 나아가 인간과 비교해 보는 활동을 이어 나갔다.

관찰일지 및 성찰일지를 기록하며 수업을 마무리하였다. 수업하며 학생 스스로 무언가를 탐구하고 내용을 정리한다는 것은 매우 어려운 일이라는 것을 느꼈다. 생각해 보면 당연한 것인데, 교수학습과정안을 짤 때 학생들이 충분히 할 수 있을 것이라고 기대했다. 예를 들어 학생들에게 동물을 관찰하여 기록해 보자고 하면 학생들이 스스로 관찰할 곳을 찾아 동물 종류마다 다양한 특징을 기록하리라 기대했다. 날개의 구체적인 모양, 부리의 모양, 크기, 사는 곳의 환경, 동물들의 똥 모양은 어떤지, 냄새는 어떠한지 등등 자유롭게 기록하는 것이다.

하지만 아무것도 주어지지 않은 상태에서 무언가를 기록하는 활동을 힘들어했다. 그래서 어떤 내용을 적으면 좋을지 예시를 적어주었다. 예시를 적어주니 학생들이 관찰한 것을 토대로 기록하기 시작했다. 한 가지 아쉬운 점은 교사가 제시해 준 기준으로만 기록하는 것이다. 관찰 방법과 기록하는 기술에 대해서도 구체적이고 세심한 훈련이 필요하다고 생각했다.

이번 자율 학점제를 통해 학생뿐만 아니라 나도 많은 것을 배울 수 있었다.

첫째로 수업이 원활하게 흐르기 위해 발문과 질문, 피드백과 같은 교사의 말을 세심하게 준비해야 한다는 것이다. 관심이 높은 활동을 할 때 집중이 높은 장점이 있지만 쉽게 수업의 흐름에서 이탈한다. 그를 바로 잡기 위해 구체적이고 세심한 준비가 필요하다.

둘째로, 동물을 많이 키워보지 못한 나로서 동물에 대해 잘 알지 못했다. 여러 동물을 키우기 위해서 인터넷, 뉴스, 유튜브 등 다양한 곳에서 많은 정보를 얻어야 했다. 어떻게 키워야 하는지, 키우기 위해서 무엇이 필요한지, 마음가짐은 어때야 하는지에 대해 조사하였다. 맹목적으로 정보를 수집할 때보다 상황이 주어지고 뚜렷한 목적이 생기니 더 간절하고 집중하여 조사할 수 있었다.

이는 비단 나뿐만 아니라 학생들도 그러했을 것이다. 눈앞에서 병아리와 미니메추리가 태어나는 모습을 목격하고, 내가 잘 키워야 한다는 책임감과 부담감 속에서 정보를 조사하고 알아보는 과정이 힘이 들었을 것이다. 찾아본 정보를 동물들에게 적용하고 실천하는 활동 속에서 기쁨도 느끼고 실망도 느끼기도 했을 것이다. 자율 학점제 수업을 하면서 학생들도 많이 힘들 것이라는 생각이 들었다. 하지만 동물을 키우는 즐거움과 그 속에서 어떤 것을 배우고 알아 가는 과정은 행복하고 즐거운 추억으로 남기를 바란다.

마지막으로 자율 학점제를 하며 느낀 생각은 원하지 않았던 상황에서도 학생들이 배우고 느낄 수 있는 포인트가 있다는 것이다. 예를 들면 미니메추리와 병아리, 구피가 죽었을 때는 많은 학생들이 같이 슬퍼했다. 모든 학생이 울고 있으니 나 또한 눈물을 참느라 힘이 들었다. 동물을 키우면서 생명, 따뜻함과 같은 감성을 갖게 될 것이라 기대했었는데 죽음, 슬픔과 같은 감정도 함께 배워야 함을 깨우쳤다.

사실 삶과 죽음은 떼어놓을 수 없는 것이지만 동물을 키우면서 죽음에 대해 생각하기 싫었다. 의도하지 않았지만 동물의 죽음은 나와 친구들에게 많은 생각을 할 수 있게 하고 감정을 느낄 수 있게 했다. 이처럼 다양한 감정과 상황을 접해 본 학생들은 앞으로 변화하는 사회에 조금 더 잘 적응할 수 있을 것이라는 기대를 해 본다.

자율 학점제 수업의 가장 큰 장점은 학생들과 함께 만들어 간다는 것에 의미를 두고 싶다. 학생들이 직접 계획하고 활동하면서 적극적이고 조금 더 능동적인 수업이 가능하다. 교사는 학생들이 스스로 개념을 익히고 배움이 일어날 수 있도록 기다리고 도와주는 것이다. 이제는 낙타가 물을 마실 수 있게 기다려주는 것뿐만 아니라 낙타가 물을 스스로 찾을 수 있는 가르침이 필요한 시대라 생각한다.

[참관자 에세이2] 맥락의 양면성

〈정기효 덕촌초등학교 교감〉

학급과 수업 소개

이 수업은 4학년 1학기 국어과 5단원 '내가 만든 이야기'를 UbD로 설계한 10/10차시 수업이었다. 본 차시에는 4학년 8명에 더해 3학년 8명이 참여하여 3, 4학년이 팀티칭 형태로 이루어졌다. 4학년 8명은 『다이달로스와 이카루스』라는 책을 공동으로 읽고 이어질 이야기를 상상하여 실제 책으로까지 만들었고, 본 차시에는 책을 3학년 동생(독자)에게 들려주고 책 제작 과정을 설명하는 내용으로 구성되었다. 재구성한 단원의 주제는 '작품 감상은 작품 창작으로 이어진다.'였다.

역량은 수행이 쌓이는 곳에서 나타난다

2015년 개정 교육과정은 역량 기반 교육과정이다. 추구하는 인간상, 교육목표, 핵심 역량이 혼재되어 정리되지 못한 모습을 보이고는 있지만 역량이 교육의 상위 목표임에는 이의가 없어 보인다. 핵심 역량은 교과의 역량으로 길러 내겠다는 것과 역량은 발달성을 가지고 있기에 개인별, 학년별 단계를 거쳐 성장시키겠다는 것이 2015년 교육과정의 근간이다.

4학년과 3학년은 공교롭게 8명씩 인원이 정확히 일치했다. 4학년 아이들이 앉은 책상 옆에는 의자가 하나 추가로 마련되어 있었고, 3학년 아이들은 그 자리에 앉아 4학년이 들려주는 책과 책을 만드는 과정까지의 이야기를 들었다. 4학년 아이들은 적게는 3명, 많게는 5명까지 동생들을 바꿔 가며 자신이 만든 책의 서사를 들려주었다.

한 아이 옆에서 계속해서 들어보았다. 횟수가 늘어 갈수록 확연히 달라지는 부분들이 있었다. 첫째는 속도가 빨라졌다. 여러 번 읽게 되니 처음보다 글자가 눈에 익고 서사가 기억되므로 들려주는 아이의 속도가 빨라지는 것은 당연한 결과였다. 둘째는 빨라진 속도만큼의 완급 조절과 여유로움이 느껴졌다. 대화 부분에서 실제적 느낌을 살리거나 중요한 순간에 목소리를 크게 하는 등 다채로워졌다. 자신이 만든 책이기도 하지만 횟수가 늘어 갈수록 이해도가 높아지면서 읽기에서 깊이가 더해짐을 알 수 있었다.

어느 연수에서 '역량은 많이 해 봐야 늡니다. 다른 것 없습니다.'라고 하던 강사의 말이 떠올랐다. 반복을 통해 깊이 이해하고 또 그만큼 깊이 표현할 수 있다는 단순한 사실을 확인하는 장면이었다. 수업이 끝나고 쉬는 시간에 두어 명의 아이들에게 물어보았다.

나: 자신이 만든 책을 총 몇 번 정도 읽어 보았나요?

아이 1: 제 혼자 한 번, 동생들에게 세 번, 총 네 번 읽었어요.

나: 여러 번 읽을수록 달라지는 것이 있었나요?

아이 1: 더 빨리 읽을 수 있었어요.

아이 2: 더 재밌게 읽어 줄 수 있었어요.

나(아이 2에게): 왜 더 재밌게 읽어 줄 수 있다고 생각해요?

아이 2: 이제 여러 번 읽어 주니까 동생들이 이쪽(서사)에서 더 좋아하는 것도 알고….

아이들은 최소한 서너 번의 책을 들려주는 경험을 통해 동생(독자)들로부터 피드백을 받았으며 스스로도 성찰하는 메타인지가 늘었다. 자신이 만든 책과 이를 듣는 사람의 입장을 헤아리는 이해도가 증가한 것이다. 수업에서 드러나 보이는 성취 중 하나이다.

배움은 맥락에서 비롯되지만 맥락을 넘어서야 한다.

'니가 왜 거기서 나와?' 이 말의 뒤에 생략된 말은 '맥락도 없이'가 아닐까 싶다. 교육에서 삶과의 연계를 강조하는 이유도 '맥락이 있는 배움'의 중요성을 말하기 위함이다. 교실에서 교과서 속에만 있는 지식들을 그저 외우기만 하는 것은 학습자에게 아무런 맥락을 제공하지 않기에 다른 상황에 전이가 일어나지 않는 죽은 지식이기 마련이다. 체험, 탐구, 노작 등을 권장하는 이유도 배움에 맥락을 제공하기 위함이다.

그런데 이렇게 중요한 맥락이지만 특정 맥락 속에 머물게 되면 역시 죽은 지식과 마찬가지가 되어 버린다. 사람은 무언가를 배울 때 그 배움이 놓인 환경과 그 순간의 맥락 즉, 분위기, 감정, 온도, 냄새 등도 함께 덩어리로 신체에 새겨진다. 비슷한 맥락에 놓여야만 특정 배움이 활성화되는 단점이 발생하는 것이다.

이를 이겨 내는 방법으로 제레드 쿠비 호바스(『사람들은 어떻게 생각하고 배우고 기억하는가』 저자)는 다양성(variety)을 제시한다. 사람들은 '다양한 맥락에 걸쳐 같은 정보를 접하게 되면, 그 정보는 어떤 특정한 맥락에서 떨어져 나와 독립된 사실이 될 수 있다.'고 한다. 특정 맥락에서 떨어져 나오기 위해서 다양한 맥락을 제공해야 한다는 것이다.

다시 수업 장면으로 돌아가 보면 4학년 아이들은 같은 자리에 앉아 같은 이야기를 같은 방법으로 바뀌는 3학년 동생들에게 반복하여 들려주었다. 이 과정에서 달라지는 요소는 이야기를 듣는 3학년 동생이 거의 유일했다. 비슷한 상황에서의 반복적인 훈련이 주는 이로움이 존재함은 위의 단락에서 거론했다. 상상력을 동원해서 이야기를 들려주는 아이들의 맥락에 다양한 변화를 주어 보았다. 몇 번째부터

어떻게 배움의
주인이 되는가

는 읽어주는 이야기를 친구들과 바꾸어 보기, 한 번쯤은 읽어주는 역할에서 듣는 역할로 바꾸어 보기, 듣는 아이들과 역할을 나눠서 읽어 보기, 자리를 바꾸어서 해 보기, 듣는 사람에게서 질문을 받고 대답하기 등.

전 차시에 아이들이 '작품을 즐긴다는 것은 어떤 것일까?'라는 선생님의 질문에 '독자들과 재미와 감동을 느끼기, 독자가 재밌어할 때 기쁨과 뿌듯함을 느끼기' 등으로 대답한 기록이 남아 있었다. 작품을 보다 즐기기 위한 이러한 상상이 맥락의 다양화로 맥락을 넘어서게 할 수 있길 기대해 본다.

[수업자 에세이 2] 생각하는 아이들

〈남도욱 덕촌초등학교 교사〉

큰 질문 : 내가 사는 지역에 대해 얼마나 알고 있을까?

발표할 사람? 하면 모든 친구들이 손을 드는 반, '그려보자, 적어보자.' 하면 재미있게 그리고 쓰기를 시작하는 반, '해 볼까?' 하면 모두 '네!' 하는 아이들, 수업 시간이더라도 활발히 움직여야 하는 아이들, 우리반 8명은 에너지가 넘치는 학생들이다. 그렇다고 해서 집중력이 떨어지거나 학습 태도가 나쁜 것이 아니다. 긍정적이고 열정적인 에너지를 잃지 않도록 응원하고 격려해 주고 싶다.

등교 개학 후 내 수업에 대해 돌아보는 시간을 많이 가졌다. 그중 하나가 배움의 과정에 학생들을 주체적으로 세우려는 교사의 노력에 대한 생각이다.

'우리반 아이들이 공부하고 싶어 하는 것은 무엇일까?'

'공부해야 할 것을 우리반 학생들이 직접 정해 보는 것은 어떨까?'

이런 생각으로 시작했어요.

위와 같은 질문으로 수업을 출발하면서 교육과정 운영에 대한 불안감도 함께 느꼈다. 내가 제대로 하고 있는 것인지에 대한 고민이었다. 학생들이 공부하고 싶은 것을 교사와 학생이 함께 생각하고 학생 생성 성취기준으로 만드는 과정이 결코 쉽지 않았다. 학생생성 교육과정 운영이라는 첫 걸음마를 뗀 내게 매우 힘든 과정이었다. '어떻게' 가르칠지보다는 '무엇을' 가르칠까에 대한 생각이 훨씬 더 어려웠다. 아이들이 좀 더 주도적으로 학습과정에 참여할 수 있길 바라면서 시작하였지만, 수업이 끝날 때까지 내가 생각한 방향이 맞는지 고민하게 되면서 즐거운 마음으로 시작한 것이 점차 무거운 마음으로 변해 갔던 것도 사실이다.

하지만 한 가지만큼은 좋은 시도이자 좋은 출발점이라는 생각이 든다. 바로 공부할 문제를 학생과 함께 생각하는 것이다. 학생들이 공부하고 싶고 알아보고 싶은 여러 가지 중에 교육적인 주제로 가져올 만한 것을 찾는 것부터 시간이 오래 걸리고 시행착오가 많이 발생하였지만, 이런 과정이야말로 미래를 살아가야 할 아이들에게 필요한 과정이 아닐까?

아이들과 대화를 통해 4학년 사회과 학습과 연결 지으면서도 학생들이 하고 싶어 하는 공부를 찾기란 쉬운 일은 아니었다.

논의 끝에 학생들이 자신들이 사는 지역에 대해 생각보다 많이 알고 있지 못하며 자신들이 사는 지역에 대해 좀 더 알고 싶어 한다는 것을 알게 되었고, 중심지 관련 성취기준을 고려하여 학생생성 성취기준을 다음과 같이 정하게 되었다.

'나 자신을 사랑해야 하는 이유를 알고, 나를 사랑한다.'

내가 사는 곳에 대해 자세히 알고 관심을 가지게 되면 나의 주변 환경에 대해 애정을 가지게 되고, 자기 주변에 대한 이해는 자신에 대한 사랑으로 이어질 것이라고 본 것이다. 이러한 학생 생성 성취기준에 대한 적절성 및 타당성에 대한 나의 불안감은 동료 선생님들과 많은 수업 나눔 끝에 어느 정도 해결될 수 있었다.

학생이 성취기준을 생성하는 것이 교육과정 속에서 학생들을 주체적으로 세우고자 하는 노력의 첫 출발로 보면서 그 의미를 찾고자 했다.

큰 흐름으로 수업을 보면, 학생들은 먼저 우리가 사는 지역의 여러 중심지에 대해 조사하고 중심지의 다양한 특징을 탐구한 다음, 중심지의 특징을 종합하여 우리 지역의 특징에 대해 알아본다. 그리고 지역의 홍보대사로서 홍보 활동을 하며 궁극적으로는 내가 사는 지역에 대한 애정과 관심을 가지는 것이다.

조사하고 탐구하는 과정에서 어려움이 많았지만 결국은 정성스럽게 홍보물을 만들고 홍보 활동을 하게 되었다. 활동 결과물만 산출하고 끝나지 않고 수업 전 과정에서 왜 홍보 활동을 하는지에 대한 생각을 놓지 않기 위해 자기 평가 활동을 하며 되돌아보는 시간도 가졌다.

이런 반성으로 되돌아봤어요

여러 활동을 하다 보면 활동 자체에만 매몰되어 학생들은 왜 이런 것들을 하는지 모르는 경우가 종종 있었다. 그래서 이번 수업을 할 때 한 가지 유념한 것이 있다면 '왜 이 공부를 하는가.'에 대해 학생들이 늘 생각하며 활동하게 하자는 것이었다. 하지만 나부터도 어느 순간 활동 결과물에 신경을 쓰게 된 나머지, 학생들에게 어떻게 하면 더 좋은 홍보물을 만들 수 있을지 강조를 한 부분이 있었다. 학생들이 정말로 이해해야 할 것이 무엇인지, 학생들에게 생각하고 탐구할 경험을 제공하는 방법에 대한 고민이 중요함을 느낀다.

학생 자율 교육과정[47]

학생 자율 학점제를 정리할 필요가 있었다. 때마침 경북교육청연구원의 정책연구 공모에 응모하여 선정이 되었으며, 이후 전국시도교육감협의회 소위원회 연구과제로 진행이 되었다.

학생의 교육과정 생성권을 보장함으로써 학생이 주도하는 '교육과정-수업-평가'의 혁신이 가능함을 제안하였다. 학생 자율 학점제라는 용어는 학점제가 불필요한 논란을 발생시키는 문제가 있다고 해서 '학생자율 교육과정'으로 바꾸고 '학생이 스스로 생성한 교육과정으로서 설계와 수행, 평가에 필요한 제반 요소를 아우른 개념'으로 설정하였

---

47) 경북교육청연수원의 정책연구 책임연구자로 진행한 '학생이 주도하는 교육과정-수업-평가 혁신 방안' 보고서를 요약한 내용이다.

다. '학생 주도형 수업'은 '학생자율 교육과정을 바탕으로 수행, 평가를
학생이 주도적으로 전개하는 수업'이라고 개념화하였다.

학생자율 교육과정은 궁극적으로 설계보다 수업의 실행에 초점
이 맞춰진다. 계획보다 실행이 중요하고 교육과정이 펼쳐지고 경험되
는 곳은 교실의 수업 장면이기 때문이다. 학생 주도형 수업은 정해진
경로를 따라가는 수업을 넘어 개별적 경로를 찾아가는 수업이다. 교
수-학습, 소비-생산, 교과서-생활, 앎-삶 등으로 구분되는 이항대립
(binary opposition)의 경계를 허물기 위한 수업을 지향한다. 기존의 학생
참여형 수업에서 진일보한 형태로 학생의 제한적 자율이 아니라 교육
과정에서부터 학생의 주체성을 보장하기 위한 시도이다.

학생자율 교육과정과 학생 주도형 수업을 통한 학습 프레임을 3세
대 활동이론[48]에 근거하여 정리하였다.

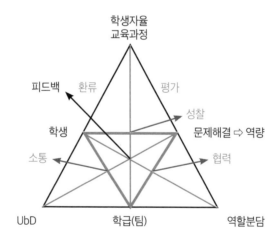

48) 위리외 엥게스트룀(2014). 팀의 해체와 놋워킹. 학이시습.

어떻게 배움의
주인이 되는가

영역	질문	요소
활동(activity)	나는 어떤 종류의 활동에 관심을 가지고 있는가?	진정한 학습
주체(subject)	누가 이 활동이 진행되는 데 관여하는가?	학생(팀)
객체, 목표, 상(object)	이 활동이 일어나는 이유는 무엇인가?	문제해결
도구, 매개체(tools)	주체들은 어떤 수단을 가지고 이 활동을 수행하는가?	학생자율교육과정
규칙 (rules and regulation)	이 활동 수행을 관장하는 문화적 규범 혹은 규제 등이 있는가?	UbD
공동체(community)	이 활동이 이루어지는 환경은 무엇인가?	학급(팀)
분업(division or labor)	누가 언제 이 활동을 할 것이며 이 역할 분담은 어떻게 조직되는가?	역할
결과(outcome)	이 활동이 낳은 산출물이 무엇인가?	삶의 힘(역량)

기본적인 가설은 학생들이 학생자율 교육과정을 통해 문제를 해결함으로써 역량을 길러 간다는 구조이다. 학생들은 팀을 구성하고 그 속에서 자신의 역할을 인지하고 실천하는 과정을 거치며 문제를 해결해 나간다. 여기서 토론이 필요한 부분은 어째서 UbD(이해중심 교육과정, 백워드 설계)가 규칙으로 작용하는지에 대한 타당성 여부였다. 또한 UbD와 매개체인 학생자율 교육과정은 중첩되는 것이 아닌지 하는 문제를 제기해 왔다.

규칙은 학생들이 팀을 구성하고 역할을 수행하는데 필요한 약속이나 기준이다. 여기에는 상호협력, 문제 공유 등의 원칙이 자리할 수도 있겠지만 그보다 본 연구에서는 학생자율 교육과정을 만들어 역량을 키우기 위한 방법적 규칙으로서 UbD를 선택했다. 그러므로 학생자율 교육과정을 만들어 갈 또 다른 방법적 규칙을 도입한다면 UbD는 얼마든지 다른 요소로 대체될 수 있다.

학생자율 교육과정을 운영하면서 9가지 요소들이 겹치는 부분에서 성찰, 협력, 소통의 가치가 절실하였고, 이 모든 요소가 중첩되는 곳에 피드백이 위치하였다. 이 피드백은 학생 상호간(팀 및 개별), 교사와 학생간에 공통적으로 해당되었다. 학생자율 교육과정에서 교사는 일방적으로 이끌어가는 존재가 아니라 적절한 촉진을 유도하는 도움과 안내자의 역할이 요구되었다. 혹자는 학생자율 교육과정이나 학생주도형 수업에서 교사의 역할이 줄어든다고 해서 방치나 방관이 아니냐는 문제를 제기하는 경우도 있으나 이는 경험해 본 교사들의 이야기에 따르면 기존의 일반화된 수업에 비해 훨씬 더 고민하고 준비하는 노력이 필요하다고 입을 모은다.

행위 유도성(affordance)					
학생 자율 교육과정	학생	동기 부여	- 자기 주도적 학습 - 메타 인지력	성장	학교 변화
	교사	도전 과제	- 의사결정 - 갈등해결		
- 민주적 학습 공동체 : 소통과 의사결정 + 전문성 + 공유 가치 + 협력 - 자율성 선순환 : 교육과정 편성 자율권 → 전문성 → 교육력 제고 → 자율성					

무엇보다 학생자율 교육과정이 있었기에 학생 주도형 수업이 수월해진 것은 사실이었다. 학생에게는 자신이 직접 설계한 교육과정이므로 강력한 동기부여는 물론 자신의 학습에 대한 메타인지가 가능했다. 교사에게는 새로운 도전 과제이다 보니 동료 교사들과의 학습이 필요했고 그 과정에서 더러 갈등을 겪기도 했으나 나중에는 의사결정이나 갈등해결에 관한 역량을 키울 수 있는 기회가 되었다. 결국 학생자율 교육과정은 학생과 교사 모두에게 성장이라는 행위를 유도하는 행위 유도성(affordance)로 작동하였다.

아울러 국가수준 교육과정과 이를 재구성하기, 학생이 직접 생성하기 3가지 경우를 두고 교육과정, 수업, 학생, 교사, 학교의 역할을 정리하면 다음과 같다.

구분	국가교육과정	교사 재구성	학생 생성
교육과정	표준화	다양화	개별화
수업	학생 피동형	학생 참여형	학생 주도형
학생	교육의 대상	대상+주체	학습의 주체
교사	전달자	설계자	촉진자
학교	규격화	현장화	자율화

총론 문서에서 제시하고 있는 학교수준 교육과정의 모습은 국가수준 교육과정보다 더 포괄적이고 다양한 펼쳐짐이었을 것이다. 하지만 현재의 학교는 국가수준 교육과정을 충실히 재현하는 모양새가 대

부분이다. 그러나 여기에 학교와 교사, 나아가 학생이 직접 자신들의 교육과정을 편성·운영할 수 있는 권한을 확대한다면 학교수준 교육과정은 국가수준 교육과정에서 학생자율 교육과정을 더하여 풍성하고 다양해질 것이다. 미래의 교육과정의 패러다임은 다음과 같이 변해야 함을 주장했다.

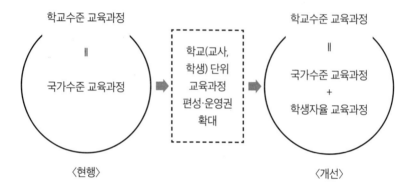

어떻게 배움의
주인이 되는가

학교 자율 시수

2022년 교육과정 개정이 예고되었다. 지금까지 실천해 온 학교, 교사, 학생의 교육과정 생성권 구현이 가능한 국가수준 교육과정의 개선이 논의가 되면 좋겠다 싶었다. 다행히 교육부 정책연구[49]에 참여할 기회를 얻었고, 이와 관련한 각종 조사와 토론에서 긍정적인 피드백을 얻었다. 연구에서는 학생 자율 학점제, 학생자율 교육과정 등으로 지칭되어 온 용어를 '학교 자율 시수'로 제안하였다.

학교 자율 시수

학생 스스로 목표를 세우거나 교사 및 또래와의 다양한 상호작용

---

49) '초·중학교 교육과정 구성 방안 연구'(2020). 책임연구자 온정덕. 교육부

과 탐구를 통해 교과의 내용을 심화 확장하고, 반성과 성찰을 제공하며, 현실 세계의 복잡한 문제를 해결하는 경험을 제공할 수 있는 수업을 위한 시수를 의미함

개별 학교의 현실과 학생의 요구에 근거하여 학생들이 교사와 함께 설계하고 수행하고 평가해 가는 교육과정이 자리할 수 있는 '자율적인 공간'을 보장해 주어야 한다고 주장했다. 정해진 경로와 정답과 성공만이 있는 주어진 교육과정이 아니라 비어 있는 공간에서 더러는 실패하더라도 자신이 판단하고 계획하고 실험과 탐구로 만들어가는 교육과정이 구현 가능한 공간(시수)을 보장해 주어야 한다는 것이다.

필요성

• 복잡성과 불확실을 특성으로 하는 미래사회를 대비해서 문제를 포착하고 해결하는 경험 필요
• 개별 학교 및 학생의 고유한 상황에 따른 문제 해결을 위한 교육과정의 다양화 필요
• 학생의 주도성(agency)을 필요로 하는 미래형 교육과정 창출 필요
• 교과의 내용을 실제로 적용하고 교과에서 이해한 내용을 바탕으로 실세계의 복잡한 문제를 해결하는 경험을 제공하여 학습경험의 질을 제고

학교 자율 시수를 새로운 교육과정에서 확보할 수 있는 방안을 제

어떻게 배움의
주인이 되는가

안한 내용이다.

1안

창의적 체험활동 시수의 '자율활동·동아리활동·봉사활동·진로활동의 구분을 없애고' 필요시 창의적 체험활동 시수를 증배하도록 하여 학교·학급에서 창의적 체험활동 시수를 재량껏 활용할 수 있도록 보장해주는 방법으로 학교 자율시수 확보

2안

전체 시수 중 교사가 자율적으로 활용할 수 있는 '자율시수' 항목을 신설·제공하여 학생 혹은 학생과 교사 공동으로 설계·실행·평가할 수 있도록 하는 학생 주도형 교육과정 기회를 제공하는 방법으로 학교 자율시수 확보

3안

교육 내용 적정화를 통해 교사가 탄력적으로 운용할 수 있는 '교과 시수의 확보'를 통해 학교 자율시수 확보

여러 개선안 중 하나를 선택하여 시수를 확보하거나 여러 방안을 혼합하여 시수를 확보할 수 있음. '자율시수' 항목 신설시 기존 창의적 체험활동과의 의미와 성격을 반드시 구분하여야 함.

학교 자율 시수는 학교와 학습자 특성에 따라 다양하게 활용하도록 했다. 학습자 주도성을 강조한 모형과 특정 문제해결을 위한 교과

통합설계형을 예시로 제시하였다.

학생 주도 설계형	교과 통합 설계형
학습자가 교사의 코칭을 받아 스스로 목표를 세우고 교사 및 또래와의 다양한 상호작용과 탐구를 통해 교과의 내용을 심화 확장하는 형태의 교육을 의미함	교사가 현실 세계의 복잡한 문제 상황 또는 여러 교과의 지식을 통합하여 활용해야 하는 상황을 제시하고 학습자가 교사 및 또래와의 다양한 상호작용과 탐구를 통해 배운 내용을 적용해 볼 수 있는 형태의 교육을 의미함
1단계: 학습자는 자신의 흥미와 관심에 따라 학습하고자 하는 분야를 결정한다. 2단계: 교사와 학습자는 상호작용을 통해 학습자의 흥미와 관심을 교육과정 내용과 관련지어 개개인 맞춤형 교육과정 및 성취기준을 함께 개발한다. 또는 유사한 흥미와 관심이 있는 학습자를 묶어 모둠별 맞춤형 교육과정을 개발한다. 3단계: 학습자는 스스로 계획한 교육과정을 실행하며 교사는 문제 해결과정에서 코칭 역할을 수행한다. 4단계: 학습자가 학습한 내용을 교사 다른 학습자와 공유하며 반성과 성찰 활동을 실시한다.	1단계: 교사는 당해 교육과정에서 가장 중핵적인 교육내용 또는 학습자의 실생활 맥락과 크게 맞닿아 있는 교육 내용이 무엇인지 파악하여 교과 통합 교육과정을 개발한다. 2단계: 교사는 학습자에게 현실 세계의 문제 상황 또는 교과 지식을 통합하여 활용해야 하는 상황을 제시하고 이를 프로젝트 형태로 해결할 수 있도록 안내한다. 3단계: 교사는 학습의 수행과정에서 협력적 문제 해결이 일어날 수 있도록 안내하며 교과에서 배운 내용이 적용될 수 있도록 코칭한다. 4단계: 문제 해결과정과 결과를 다른 학습자와 공유하며 반성 성찰한다.
소규모 학교, 소인수 학급에 적합할 수 있으며 학습자 주도성을 키워주고자 할 때 적합	학습자의 문제해결 역량을 키워주고자 할 때 적합

어떻게 배움의
주인이 되는가

학습자의 흥미로만 교육과정이 설계되는 것을 경계해야 함. 교사는 학습과정의 2단계에서 반드시 학습자의 흥미나 관심이 적절한 교육 내용과 연계되도록 안내해 주어야 함.	통합 교육과정 설계의 주제의 선정에 유의해야 함. 통합 교육과정의 주제는 전이가능성이 높은 지식, 교과를 아우를 수 있는 핵심 개념, 학습자의 실생활 맥락에 광범위하게 영향을 끼칠 수 있는 지식이 되어야 함.

혹자는 이런 질문을 했다. 국가수준 교육과정의 역할은 방향과 기준을 제시하는 것인데 학교 자율 시수는 여백과 같은 빈 공간이므로 아무것도 제시하지 않은 것은 직무유기가 아닌가라는 물음이었다. 여백은 아무것도 하지 말라는 것이 아니라 무엇이든 하고 싶은 걸 하라는 의미라고 대답했다.

아이들은 구체적으로 지시한 일보다 마음대로 허용된 상황에 더 어려움을 느끼는 경우를 많이 볼 수 있다. 자기 스스로 판단하고 결정하고 실천하고 책임지는 행위에도 연습이 필요하다. 교육과정도 이러한 경험이 충분히 주어지도록 보완이 뒤따라야 한다.

학교 자율 시수는 초등학교에서는 학습이 자기 주도적인 영역임을 경험으로 깨닫는 계기가 되고, 중학교에서는 자유학기제에서 일부 시간을 자유로이 학습할 수 있는 기회를 갖고, 고등학교에서는 학점의 하나로 개별 학생이나 모둠이 독립연구처럼 수행할 수 있을 것이다.

학교 자율 시간

국민과 함께하는 교육과정을 표방한 2022 개정 교육과정 총론 주요사항(시안)이 발표되었다. '학습자가 자신의 삶과 학습을 주도적으로 설계하고 구성하는 능력으로, 미래사회에 변화의 주체가 될 수 있도록 하는' 학습자 주도성을 강조하고 이를 위한 맞춤형 교육과정을 제안했다. 또한 분권화를 바탕으로 한 학교 교육과정 자율성 확대를 위해 초·중학교 학교 자율시간을 예고했다. 학교 자율시간의 확보와 운영 방안, 예시를 다음과 같이 제시하였다.

어떻게 배움의
주인이 되는가

〈2022 개정 교육과정 총론 주요사항(시안) 중 발췌(2021. 11. 24. 교육부)〉

□ 학교 자율시간 확보 및 운영 방안

현행	개선안
교과(군)별 증감 범위 활용 • 연간 34주를 기준으로 한 수업 시수 운영 • 중학교는 학교장 개설 선택과목 개발·운영 가능(초등학교는 선택과목이 없음) ➡ 학교 특색 및 지역과 연계한 과목 및 활동 운영 시간 확보 어려움	• 교과(군) 및 창의적 체험활동 증감 범위 활용 • 한 학기 17주 기준 수업시수를 탄력적으로 운영할 수 있도록 수업량 유연화 활용 ➡ 한 학기 17주 수업→16회(수업)+1회 (자율운영) ※ 매 학년별 최대 68시간 확보 가능 • 초등학교, 중학교 선택과목 개발·운영 가능

국가 교육과정	▶ 학교 자율시간 도입을 위한 교육과정 운영 근거를 총론에 마련 ▶ (교과) 한 학기 17주 기준 수업시수를 16회로 개발하고 1회 분량은 자율 운영할 수 있도록 내용요소와 성취기준 등을 유연하게 개발
지역 교육과정	▶ 지역과 학교의 교육 여건 등에 적합한 기준과 내용 개발, 지역 특색을 살린 선택과목 및 체험활동 개발·운영(시도교육청 개발 가능) ※ (예)지역 생태환경, 인공지능으로 알아보는 우리 고장, 지역과 민주시민, 역사체험 등
학교 교육과정	▶ 지역과 연계한 다양한 교육과정 및 프로젝트 활동 편성·운영, 학교 자율적으로 지역 연계 선택과목 개발·활용, 교과 교육과정(지역 연계 단원 구성, 성취기준 등)에 대한 교사의 교육과정 편성·운영 자율권 확대

□ 초·중학교 교육과정 학교 자율시간 활용(안)

• (초등학교) 다양하고 특색 있는 지역과 연계한 교육과정 운영 및 학교 여건과 학생의 필요에 맞춘 선택과목(활동) 신설·운영
• (중학교) 지역연계 및 특색 교육과정 운영을 위한 시도교육청·학교장 개설 과목(활동) 개발 활성화

확정 고시는 아니지만 '학교 자율 시간'의 도입 예고는 큰 의미가 있다. 그동안 학교 현장에서 끊임없이 실천하고 요구해 온 성과가 드디어 실현되는 듯하여 기쁘면서도 한편으로는 걱정이 따른다. 교육과정 분권화, 자율화는 '권한의 나누기'가 아니라 'empowerment'로서 '의사결정 참여'가 핵심이다. 교육과정의 몇 %를 국가가, 시도교육청이, 학교가 나눠 가져가는 것이 문제가 아니라 교육과정과 관련된 모든 사람이 얼마나 의사결정 과정에 참여할 수 있느냐가 중요한 것이다. 따라서 학생과 교사가 주어진 교육과정을 그대로 실행하거나 제한적인 재구성을 넘어 자신들의 배움을 선택하고 결정하여 교육과정을 '만들어가는' 일을 중심에 놓고 살펴야 한다는 말이다.

그런데 교육부에서 발표한 '학교 자율 시간'은 문서상의 표현으로는 '학교 단위 선택 교과목'으로 받아들일 우려가 있다. 실제로 '선택과목(활동) 신설·운영. 3~6학년 총 8개 과목, 시도교육청·학교장 개설 과목(활동)' 등의 표현은 우려를 넘어 실망감이 든다. 선택과목이라는 것은 여러 개의 과목을 설정해 두면 학생들이 그중에서 일부를 골라 학습한다는 의미이다. 학교가 선택과목을 편성하고 운영하는 것이 교육과정의 분권화, 자율화로 볼 수도 있다. 그러나 우리는 이미 여러 차례 지역이나 학교 단위의 인정 교과서를 통해 선택 없는 선택 교과목의 무용함을 경험했었다.

학교 자율시간이 선택과목이라면 수업이 펼쳐지는 교실의 입장에서는 제공의 주체가 국가든 시·도교육청이든 학교든 미리 결정되어 주어지는 또 하나의 과목에 지나지 않는다. 학생에게 일방적으로 주

230   어떻게 배움의
주인이 되는가

어지는 과목의 형태로 학교 자율시간이 실행되면 학생들이 배워야 할 교과가 더 늘어난 것과 다를 바 없어 학습 부담만 가중될 것이 뻔한 사실이다. 학교 자율시간은 지역의 특색, 학교의 여건, 학생의 필요를 고려하여 교사와 학생이 함께 만들어가는 교육과정이 되어야 한다. 주어진 대상에서 일부를 고르는 것(one of them)은 소극적인 선택이고 새로운 대상을 찾아 만들어가는 일(only one)이 적극적인 선택의 개념이기 때문이다.

학교 자율시간의 이상적인 모습은 학생과 교사의 교육과정 의사결정 참여와 개발의 실천이다. 학교는 물론 교실에서 학생과 교사가 협력적으로 배움의 목표를 설정하고 실행하며 책임 있는 성찰로 채워가는 시간이어야 한다. 운영하고 있는 학생 생성 교육과정'은 학교 자율시간을 온전히 구현할 수 있는 최적의 방안 중 하나라고 생각한다. 이를 위해 교사들은 그동안 경험하지 못한 교육과정 개발자로서의 역할을 과감히 시도해 보아야 한다. 주어진 목표, 내용, 방법, 평가, 교과서가 없어도 학생들의 관심사와 문제의식에서 출발하여 교사와 학생이 함께 배움의 주인이 되는 경험을 차곡차곡 쌓아가야 할 것이다.

학생 생성 교육과정

　2020학년도부터 덕촌초등학교에서 선생님들과 함께 '학생 생성 교육과정'을 실천하고 있다. 학생 자율 학점제, 학생 자율 교육과정, 학생 자율 시수 등을 실행해 온 과정을 성찰하여 결정한 명칭이다.

　교육과정의 최종 목적지는 학생이다. 학생은 교육과정의 소비자이자 생산자가 되어야 한다. 학생이 가르침의 대상이 아니라 배움의 주체로 자리매김하기 위해서는 제품화된 교육과정을 제공받는 것보다 스스로의 교육과정을 만들어 가는 경험이 중요하다.

　비록 제공의 주체가 국가나 교육청에서 학교나 교사 수준으로 옮겨오더라도 학생의 입장에서는 주어지는 교육과정임에는 변함이 없다. 그래서 주도적으로 자신들의 교육과정을 설계하고 실행하고 성찰 및 평가해 보는 과정을 경험할 수 있도록 국가 수준 교육과정에 일부

어떻게 배움의
주인이 되는가

를 여백으로 두어야 한다.

학생 생성 교육과정에 대한 걱정과 오해도 많이 만난다. 미완의 학생이 교육과정을 만든다는 게 가능한 일인가? 한 교실에서 학생마다 개별적 배움의 경로를 가지는 게 옳은가? 교사가 아무것도 하지 않는 게 아닌가? 학교 현장의 부담만 더하는 게 아닌가? 어떤 질문은 차근차근 설명을 드리고 이야기를 나누다 보면 오해가 풀리지만 어떤 질문은 교육에 대한 관점이 달라서 접점이 어려운 부분도 있다.

세상에는 타당한 논리가 유일하지 않다. 교육에도 여러 타당한 논리가 병립하고 있다. 오직 집중해야 할 일은 실천으로 증명해 내고 동의를 얻어가려는 노력이다. 그래서 오늘도 선생님들과 의논하고 실천하고 성찰하고 시행착오를 줄여 나가고 있다.

다행히 경상북도교육청에서 학생 생성 교육과정의 취지를 받아들여 2021학년도부터 정책을 도입하고 있다. 1차년도에는 선도학교를 자발적으로 모집하여 운영하고 정책을 보완해서 확산해 나가기로 했다. 선도학교와 관심 있는 선생님들이 네트워크를 형성해 공유와 나눔을 실천하고 있다.

덕촌초등학교에서 학생 생성 교육과정을 실천하기 위해 개발하여 활용하고 있는 사례를 소개한다. 큰 질문 찾기, 성취기준 뽀개기, 수행과제 만들기, 루브릭 정하기, 학습경험 짜기 5단계 과정으로 설정되어 있다. 소개하는 자료는 코로나-19와 백신을 주제로 아이들과 실행하였던 8차시 미니 교육과정이다.

우리는 꼬마 백신 개발자

〈위지원 덕촌초등학교 보건교사〉

크고 열린 질문 찾기

□ 학생들과 대화하기

	교사의 질문	학생의 답변
열정	평소에 궁금하거나 배워보고 싶었던 것들이 있나요? 평소에 꼭 해보고 싶었던 활동은?	□ 카페 창업하기 □ 백신 만들기 □ 타임머신 만들기 □ 연극&뮤지컬 배우기 □ 로봇만들기 □ IQ 검사하기 □ 동물,식물 키우기 □ 수의사 체험 하기 □ 세계 여행/우주여행 □ 전세계 없는 음식 만들기 □ 무언가 만드는 활동을 할 때 제일 좋아요.
	최근에 나의 관심 분야는 무엇인가요?	□ 코로나가 없어졌으면 좋겠어요. □ 마스크 없이 뛰어 놀고 싶어요. □ 물놀이 가고 싶은데 갈 수가 없어요. □ 하고 싶은 건 많은데 코로나 때문에 못해요
필요	일상생활에서 크게 불편을 느끼거나 해소(해결)하고 싶었던 문제는?	□ 마스크 벗고 싶어요. □ 코로나가 없어졌으면 좋겠어요.
	우리가 일상생활을 마스크 없이 즐기기 위해서는 무엇이 필요할까요? 우리가 편안하고 온전한 삶을 살아가기 위해 지금 당장 해결해야 할 일에는 어떤 것이 있을까요?	□ 코로나 치료제가 필요해요. □ 코로나 백신이 필요해요.

□ 팀별 큰 질문 다듬기

1. 자신과 개인적 관심을 반영하고 흥미 있게 참여할 수 있는가? - 일상 회복, 백신 제작	2. 지식(개인적, 사회적, 설명적, 기능적 등)을 포함하고 있는가? - 건강, 항체, 항상성, 백신, 조사, 탐구	3. 사회나 세계의 관심과 연결되는가? - 팬데믹, 방역, 면역
	큰 질문 안전하고 건강한 삶을 살아가기 위해 필요한 것은 무엇인가? **작은 질문** (감염병) 사람은 병균으로부터 자신의 몸을 어떻게 지켜내는가? 백신은 어떻게 생명체의 건강 유지에 도움을 주는가?	
4. 개념(민주주의, 존엄성, 다양성 등)과 관련되는가? - 생명, 건강, 웰빙		

성취기준 뽀개기

□ 성취기준 연결과 생성하기

국가 수준	과학	[4과01-03] 서로 다른 물질을 섞었을 때 물질을 섞기 전과 후의 변화를 관찰하여 어떤 성질이 달라졌는지 설명할 수 있다.
	과학	[6과16-02] 소화, 순환, 호흡, 배설 기관의 종류, 위치, 생김새, 기능을 설명할 수 있다.
	체육	[4체01-01] 건강한 생활습관(개인 위생)을 알고 생활 속에서 규칙적으로 실천한다.
	국어	[6국01-05] 매체 자료를 활용하여 내용을 효과적으로 발표한다.
학교 수준	생성	• 생명체가 외부의 병균으로부터 자기를 방어하는 기능을 이해한다. • 생명체의 항상성 기전을 알고, 백신 개발 과정에 참여할 수 있다. • 감염병을 예방하여 건강한 생활을 위한 생활습관을 알고 실천한다.

□ 일반화된 지식과 핵심 질문

일반화된 지식	• 생명체는 항상성 유지를 통해 생명을 유지한다. • 인간은 항상성 유지를 위해 인위적으로 물질을 개발하여 활용하기도 한다. • 안전하고 건강한 생활은 지속적이고 체계적으로 관리함으로써 유지된다.
핵심 질문	• 생명체의 항상성 기전이란 무엇인가? • 백신은 어떻게 개발되고 생명체에 어떤 작용을 하는가? • 나는 어떻게 나의 건강을 지킬 수 있는가?

□ 지식과 기능

		핵심 개념	창조	건강 관리	생명공학 기술	동물의 구조와 기능	지극과 반응	책임
지식	교육과정	관련 교과	실과	체육	과학	과학	과학	도덕
		내용 요소	생명 기술 시스템	건강한 생활 습관	세균의 이용 생명과학과 우리 생활	뼈와 근육의 구조와 기능 소화, 순환, 호흡, 배설 기관의 구조와 기능	(항상성 과 몸의 조절)	생명 존중
	생성		□ 생명의 소중함 □ 신체의 자극과 반응 □ 생명체의 항상성 □ 건강한 생활 습관 □ 백신의 뜻과 역할					
기능	핵심 기능		□ 문제 인식/ 자료의 수집,분석 및 해석/ 증거에 기초한 토론과 논증 □ 관리하기/ 상황 파악하기/ 대처하기/ 의사결정하기					

236

수행과제 만들기

□ 수행과제 만들기(GRASPS)

Goal(목표)	백신 개발 모형 제작과 안내 백신에 대한 이해 돕기
Role(역할)	생명과학자
Audience(청중)	덕촌 가족(학생, 교사) 및 모든 사람들
Situation(상황)	코로나-19 팬데믹을 겪으면서 백신을 개발하는 과정에 대해 백신에 대한 인식 부족과 불안이 있다. 모든 국민이 백신의 개발과 안전성을 쉽게 이해할 수 있는 실험 모형을 제작하여 감염병 예방을 통한 건강한 생활을 할 수 있도록 돕는다.
Product(결과물)	백신을 연구하고 개발 과정의 영상 자료 실험용 백신 샘플 면역반응(임상실험) 관찰 연구 보고서
Standard(준거)	(지식) 생명체의 항상성 기전을 설명할 수 있는가? (기능) 건강한 삶을 위한 생활 수칙을 실천할 수 있는가?

□ 수행과제 시나리오

코로나-19 감염병 팬데믹으로 인해 전 세계가 힘들어 하고 있습니다. 코로나와 같은 감염병에서 자유로운 삶을 살아가기 위해 우리가 가장 먼저 해결해야 하는 문제는 감염병에 대항할 수 있는 힘인 면역을 생성하는 일입니다. 최근 백신을 개발하여 보급하고 있지만 많은 사람들이 불안해하며 접종하지 않는 사람들도 있습니다. 여러분은 백신을 개발하는 생명과학자입니다. 백신에 대한 이해를 높이기 위해 백신이 어떻게 개발되고 사람에게 어떤 작용을 하는지를 잘 이해할 수 있는 자료를 제작하여 사람들에게 안내하려고 합니다. 백신개발 과정이 드러난 영상과 보고서, 실험 샘플을 함께 만들어야 합니다. 생명의 소중함을 알고 인체의 항상성 기전을 알아보고, 항원(바이러스)에 대항하는 항체를 발견하고 임상(동물)실험을 통해 백신을 만드는 과정을 자료로 담을 것입니다. 자료의 제작 후에는 전교생을 대상으로 보고회를 열어 백신을 잘 이해하고 감염병으로부터 건강을 지키는 생활을 실천할 수 있도록 홍보할 것입니다.

루브릭 정하기

□ 채점기준(준거)

평가의 요소 \ 단계	뛰어남(열매)	보통(잎)	노력요함(뿌리)
생명체의 항상성 유지 시스템에 대해 이해하는가?	자가건강관리능력과 면역체계를 연관지어 건강한 삶을 살아가기 위한 방법을 잘 설명할 수 있다.	자가건강관리능력과 면역체계를 연관지어 건강한 삶을 살아가기 위한 방법을 1가지 이상 말할 수 있다.	자가건강 관리능력과 면역체계를 연관지어 설명할 수 있다.
항원 항체의 작용을 활용하여 백신의 개발 과정을 능숙히 수행하는가?	항원 항체의 원리를 활용하여 백신의 개발 과정을 능숙히 수행한다.	항원 항체의 원리를 활용하여 백신의 개발 과정에 참여한다.	항원 항체의 원리를 이해하지만 백신 개발 과정에 적용하는 데 어려움이 있다.
생명 존중 태도를 가지며 다른 학생들과 의사소통이 원활한가?	생명 존중 태도를 가지고 실험 과정에서 적극적인 참여하고 다른 학생들과 의사소통한다.	생명 존중 태도를 가지고 실험 과정에서 적극적인 참여와 의사소통을 하는가?	생명 존중 태도를 가지고 실험 과정에서 적극적인 참여와 의사소통을 하는가?

□ 그 외의 평가

결과물	프로젝트 보고서 백신 샘플
관찰	생명 존중의 가치에 대한 이해 임상실험 과정의 참여 태도 토론과 의사소통
자기평가 상호평가	성찰 일지 백신 연구 및 개발의 전 과정을 담은 영상 함께 시청하기

학습경험 짜기

□ 교수-학습 계획(WHERETO)

순서	교수·학습활동	WHERETO	평가

1	• 배워 보고 싶은 주제는 무엇일까?
	  - 최근 나의 관심분야와 흥미분야 이야기하기
	  - 브레인스토밍, 토의로 학습 주제 정하기
		W	계획서

2	• 이번 활동에서 지켜야 할 약속은? - 생명과학 연구자의 윤리헌장 만들고 선서하기	H E	
3	• 항상성에 대한 동영상 시청하기: 항원, 항체 • 감기에 걸렸던 경험 이야기하기: 백신의 기능	E	
4	• 백신은 무엇이고 개발 과정은 어떤 원리가 있을까?	E	

5
~6
	• 항체-항원 결합 물질 찾아보기(유레카~! 항체
	  물질의 발견!)
	  - 혈액 모형, 스포이드 등, 지용성 액체
	  - 항원 물질 샘플: 지용성, 수용성 샘플
	  - 항원을 혈액 모형에 투입하여 변화 관찰
	• 임상시험(모형 동물실험)
	  - 실험용 쥐(모형)
	  - 항원-항체 반응 확인
		H
		E
		E2
			관찰

7	• 영상 편집 • 연구보고서 작성	T	보고서

8	• 백신 개발 발표회
	  - 백신 개발 과정을 영상으로 소개하기
	  - 보고서 발표 및 질의 응답
		E2
		R
			관찰
			상호
			평가

길 위에 서자

본성에 입각하여 행위하는 자는 자유롭다
- 스피노자, 에티카, 제1부 정의7 -

우리는

사람들은 자꾸만 멀어진다. 부, 학력, 권력의 차이는 갈수록 더 깊어진다. 멀어지고 깊어진 거리는 불신과 혐오가 차지하고 있다. 타인과 환경에 눈 돌릴 여유는 더욱 줄어든다. 4차산업혁명이라는 환상에 들떠 있던 기대가 걷히고 주위를 둘러보니 플랫폼 노동자만 늘었다. 혁명의 몫은 누군가는 차지했을 터인데 대다수 사람들은 여기에 해당되지 않는다.

무언가를 제조하고 생산하지 않았으니 흔적이 남질 않는다. 뭘 팔았는지도 모를 기업들이 세상의 부를 독점해가고 있다. 우리가 감지하지 못하는 사이 일상의 많은 부분에서 이러한 일들이 깊숙히 진행되고 있다. 개인이 감지하지 못할 수준의 미세한 무엇이라도 무한대

어떻게 배움의
주인이 되는가

의 사람에게서 가져와 극소수의 사람에게 쌓이면 그 결과는 무한대가 된다. 하지만 극소수가 가진 무한대를 무한대의 다수에게 나누면 지각하기 어려운 정도가 되고 만다.

그러니 세상은 점점 나눔에 인색해진다. 티나지 않게 야금야금 쌓아가는 시스템에 기반한 부, 자신도 모르게 시스템의 비대화에 동조하고 있는 무력한 사람들, 너무나 커져버린 양극화에 불합리함을 맞서 저항하기보다 꿈을 포기하거나 인생역전에 올인하는 청춘들이 늘고 있다. 이들에게 교육은 어떤 말을 해줄 수 있을까?

단일한 기준과 유일한 가치는 쏠림과 양극화를 가져올 수밖에 없다. 교육이 해야 할 일은 어떤 일에서든 가치와 기준을 교육의 내부인 학생들의 삶에서 찾아야 한다. 외부에 있는 기준은 학생들을 서열화시키고 병목현상을 일으켜서 결국은 양극화를 부추긴다. 그리고 그 결과에 대해서는 아무도 책임지지 않는다.

교육의 대부분 문제는 외부의 잣대로 교육을 평가해서 발생했다. 학력은 상급학교 진학의 도구로, 진로는 부를 갖기 위한 수단으로 보면 소수의 통과자와 다수의 낙오자를 낳을 뿐이다. 학력이 학교생활의 결과물로, 진로가 학생의 삶을 위한 안내로 바라본다면 그 결과는 달라질 것이다.

모든 학생이 소중하다고 누구나 말한다. 그렇다면 모든 학생이 가진 저마다의 다양한 가치를 긍정해야 한다. 교육이 단일한 가치를 고착화시키는 역할에서 벗어날 때 새로운 변화가 시작된다.

따라서

다양성은 종의 건강함을 나타내는 척도이다. 다양성을 존중하는 일은 평등의 기초가 된다. 획일화와 표준화는 효율만 중시하고 위계를 낳아 불평등의 기원이 된다. 평등하지만 다름이 인정되는 세계가 교육이 꿈꾸는 곳이다. 하나의 기준으로 평가되지 않는 교육, 나누기 위해 경쟁하는 교육, 책임지기 위한 참여가 자연스러운 교육 생태계를 만들어야 한다.

초월적 기준에 치중해 왔던 배움을 학습자의 내재적인 맥락에 집중함으로써 고착성보다 유연성, 타율성보다 자율성, 다수성보다 소수성, 획일성보다 다양성이 존중받을 수 있다. 이런 사회에서는 경쟁보다 소통이 중요해진다. 각자에게 잠재된 욕망이 단일한 기준과 경쟁에 의해 스스로를 예속하는 편집증으로 흐르지 않도록 소통의 관계를 만들어내야 함을 잊지 말아야 한다.

서문에서 물었던 '학교는 무엇을 해야 하는가'가 아니라 '학교가 무엇을 할 수 있는가'라고 물었다. 나는 모든 학생들이 학교를 통해서 자기정립적인 삶을 꾸려가길 바란다. 무엇에 기대거나 누군가에 끌려가지 않고 스스로의 삶을 개척하며 세상에 기여할 수 있길 바라는 것이다. 그런 학교를 꿈꾸며 교육과정 생성을 실천해 왔다. 학생들이 스스로 목표를 세우고, 실행하고, 나누고, 성찰하고, 책임지는 경험을 학교에서 제공해 주고 싶었고 그래서 변화를 시도했다.

변화에는 늘 망설임과 저항이 뒤따른다. 현 질서를 흐트리지 않는 범위 내에서 해결하고자 한다. 새로운 변화에는 적응을 위한 투자가 필요하기 때문이다. 학교에서 교육과정을 생성하기 위한 시도를 하면서 가장 안타까운 말들을 많이 들었다. '지금까지 잘해 왔는데 새삼스레 뭘 바꾸겠다는 거냐, 국가수준 교육과정을 잘 수행하기에도 바쁜데 왜 현장을 힘들게 하느냐, 별스러운 것 하지 말고 하라는 일이나 충실해라' 등의 표현이었다.

사람들은 '어떤 상황임에도 불구하고 이뤄 낸 성과'를 '그 상황으로 인해 일어난 성과'라고 우기는 경우가 있다. 선생님들이 제도나 규제의 제한을 극복하면서 공부하고 실천하여 뽀도시 일궈낸 성공 사례임에도 불구하고, 오히려 제도와 규제에 공을 돌리는 어이없는 상황을 만나게 되면 정말 힘이 빠진다.

누구나 창의력, 비판적 사고력, 복잡한 문제해결력이 중요하다며 동의를 하지만 창의적, 비판적으로 생각하고 문제를 해결하려는 실천에는 주저한다. 학교에서 학생 주도형 수업을 외치다가도 하교하면 학원을 전전하는 현실을 두고 어쩔 수 없다고 체념한다. 고립된 한 사람, 단절된 일부가 변해서는 전체의 변화로 이어지지 못한다. 모든 시도가 반드시 성공한다는 보장은 없다. 하지만 중요한 것은 실험과 모험이 없다면 변화와 성공도 없다는 사실이다.

도전의 길 위에 서야 한다. 보편적 표준을 만들어 개별적 사례를 가두려는 시도는 새로움을 만들고 세상을 변화시키는데 아무런 도움이 되지 않는다. 오랜 세월 켜켜히 다져져 지층화된 다수성의 배치를 뚫고 차이를 생성해 나갈 수 있는 '소수자-되기'가 교실에서 실천되어야 한다.

자신의 배움에 주인이 되어야 한다는 너무나 당연한 주장과 실천이 공감을 얻고 있다. 학습자의 교육과정 생성권은 모든 문제를 푸는 보편자가 아니다. '보편자는 아무것도 설명할 수 없고 오히려 보편자는 설명되어야 한다'는 들뢰즈의 말처럼 하나의 답을 찾았다고 해서 문제 자체가 소거되지 않는다. 각각의 해(解)들을 찾아가는 웅성거림과 우글거림으로 학교가 들썩이길 바란다.